Coaching para la transformación personal

Coordinación editorial:
DÉBORA FEELY

Diseño de tapa:
DCM DESIGN

LIDIA MURADEP

Coaching para la transformación personal

Un modelo integrado de la PNL
y la ontología del lenguaje

GRANICA

BUENOS AIRES - BARCELONA - MÉXICO - SANTIAGO - MONTEVIDEO

© 2009, 2013 *by* Ediciones Granica S.A.

ARGENTINA
Ediciones Granica S.A.
Lavalle 1634 3º G / C1048AAN Buenos Aires, Argentina
Tel.: +54 (11) 4374-1456 Fax: +54 (11) 4373-0669
granica.ar@granicaeditor.com
atencionaempresas@granicaeditor.com

MÉXICO
Ediciones Granica México S.A. de C.V.
Valle de Bravo Nº 21 El Mirador Naucalpan - Edo. de Méx.
53050 Estado de México - México
Tel.: +52 (55) 5360-1010 Fax: +52 (55) 5360-1100
granica.mx@granicaeditor.com

URUGUAY
Ediciones Granica S.A.
Scoseria 2639 Bis
11300 Montevideo, Uruguay
Tel.: +59 (82) 712 4857 / +59 (82) 712 4858
granica.uy@granicaeditor.com

CHILE
granica.cl@granicaeditor.com
Tel.: +56 2 8107455

ESPAÑA
granica.es@granicaeditor.com
Tel.: +34 (93) 635 4120

www.granicaeditor.com
GRANICA es una marca registrada
ISBN 978-950-641-567-9
Hecho el depósito que marca la ley 11.723
Impreso en Argentina. *Printed in Argentina*

Muradep, Lidia
   Coaching para la transformación personal : un modelo integrado de la PNL y la ontología del lenguaje . - 1a ed. - Buenos Aires : Granica, 2009.
   208 p. ; 15x22 cm.

   ISBN 978-950-641-567-9

   1. Ontología del Lenguaje. I. Título
   CDD 419

A mis hijos, Andrea y Martín,
que me hicieron "mamá".
Ellos han sido mis maestros de vida y,
junto con mis nietos,
Milena y Tomi, abrieron en mí una
fuente inagotable de amor.

ÍNDICE

AGRADECIMIENTOS

A mis maestros de PNL: John Grinder, Richard Bandler, Robert Dilts, Stephen Gilligan, Anthony Robbins, Janet Konefal, Edmund Cava, quienes en distintos momentos de mi trayectoria contribuyeron con su sabiduría para que yo pueda ser la persona que soy hoy. Y especialmente a Maryann y Ed Reese y a Steve Andreas que, además, me honraron avalando mis programas y mi institución.

A Rafael Echeverría, que me enseñó a ser coach y abrió en mí un mundo nuevo de posibilidades.

A Celia y a Félix Huberman por su amistad. Ellos me apoyaron en mis primeros pasos como profesional. Celia fue mi maestra de Gestalt y de ella aprendí a enfrentar las dificultades con integridad, confianza y fortaleza. Fue, también, mi guía en el camino espiritual. Celebro nuestra vida compartida.

A Humberto Maturana, que, a través de la reflexión, generó en mí un aprendizaje muy profundo sobre la comprensión de nuestro vivir y convivir.

A Janis Roze, mi maestro y amigo; un ángel que me acompaña en el camino de la vida. Él me enseñó a descubrir y experimentar un vínculo más profundo con la Naturaleza y el planeta en que vivimos y a leer la sabiduría contenida en los hechos cotidianos. Por su apoyo, amor y grandeza.

A Mónica Addesso, que me acompañó y apoyó en el largo y a veces arduo proceso de escribir este libro, colaborando conmigo con amor y entrega.

A Daniel Cuperman, Fernando Cuperman y Graciela Astorga por su contribución en el Capítulo 5, que es parte de su trabajo de investigación.

A Andrea Churba, mi hija, por su calidad profesional. Es un privilegio para mí que llevemos adelante juntas nuestra expansión en el ámbito de las organizaciones.

A Marina Zaied, que me acompaña y con quien coinspiro desde hace tantos años. Quiero agradecer por la experiencia que nos hemos regalado.

A Mauro Bernardini, un genio creativo que hizo algunas de las ilustraciones de este libro.

A todo el equipo de la Escuela Argentina de PNL y Coaching que, a través de estos veinticuatro años, se comprometió en este proceso de mejorar la calidad de vida de las personas y por hacer de mi institución un lugar de excelencia.

Quiero dedicar una mención especial a los alumnos, ex alumnos y clientes de empresas con los que trabajamos, todos los que pertenecemos a esta gran familia de la PNL y el Coaching.

Agradezco el apoyo, la colaboración y la revisión de Chila Galay, que me acompañó con tanta paciencia y amor.

A Juan y a Ariel Granica, por reconocer mi trayectoria.

¡Gracias a todos!

INTRODUCCIÓN

A lo largo de mi camino dedicado a incentivar el cambio y mejorar las competencias comunicacionales en individuos y organizaciones, pude facilitar los procesos de desarrollo a miles de personas y, a la vez, atesorar una experiencia propia rica y provechosa. Con esta obra lo invito a compartir esa experiencia y le ofrezco la oportunidad de intervenir activamente en la construcción de su propio futuro.

Mi propósito es colaborar con su comprensión acerca de sí mismo, sus fortalezas y debilidades; las relaciones y situaciones que encara en su vida, para expandir así su modelo del mundo.

Vivir una vida más plena, ser creativos y alcanzar nuestros sueños está vinculado con la capacidad de ver y descubrir. La vida es como ese mar inmenso que nos deja extasiados; hay que saber mirarlo para descubrir todo lo que contiene.

Investigaremos juntos, con alegría y coraje, aportando nutrientes y herramientas, y habilitando recursos. Mis metas son dos: por un lado, que usted se conecte con su potencial más profundo, aprenda a confiar en él y a aplicarlo en su beneficio, respetando las diferencias que puedan plantear quienes lo rodean; por otro, darle herramientas para aplicar a fin de facilitar también los procesos de cambio de otras personas.

Lo invito a transitar un viaje a través de experiencias e historias que le mostrarán perspectivas y maneras más útiles de ver el mundo, para lograr un entendimiento diferente de algunas cosas que a usted lo dificultan.

Emprenderemos este camino asistidos por la Programación Neurolingüística –PNL– y la Ontología del Lenguaje, dos modelos poderosos que, combinados, se refuerzan mutuamente y se constituyen en la base de una profunda transformación, tanto personal como organizacional. Este libro aporta elementos esenciales para integrar ambas tecnologías. Además, presenta el material organizado de una manera diferente y novedosa.

Está dirigido a todas aquellas personas que se preguntan por el sentido de su vida, que están interesadas en aprender, cambiar, crear, innovar y generar un espacio de crecimiento, individual y compartido, como seres humanos libres y responsables, con conciencia social y ecológica. Mi intención es que sea vivido en el disfrute del ver, escuchar y sentir.

Todo cambia

Todo cambio es impulsado por un cambio en la autopercepción.
Cambiaremos nuestro ser si creemos que el cambio preservará nuestro ser.
Somos incapaces de cambiar si no podemos encontrarnos a nosotros mismos en una nueva versión del mundo.
Margaret Wheatley[1]

La vida nos presenta diariamente obstáculos y limitaciones que nos impiden llegar adonde queremos. Muchas veces, experimentamos situaciones que nos llenan de incertidum-

---

1. Wheatley, Margaret. Citado en Diamante, Hugo: *Educación para el tercer milenio*. Edición propia, Buenos Aires, 2000.

bre, nos desmotivan, nos desorientan y nos hacen perder el rumbo. Sabemos que tenemos que hacer algo, pero ignoramos qué y cómo. Nos damos cuenta de que todo el tiempo aparecen cosas nuevas y diferentes que se interponen en nuestro camino, frente a las que los recursos y estrategias que nos servían para lograr un resultado determinado empiezan a perder efectividad. Es muy importante aceptar que, para obtener lo que deseamos, tendremos que buscar activamente herramientas distintas, adecuadas a la modificación permanente del contexto.

En toda la historia de la humanidad "lo único permanente ha sido el cambio": ya lo decía Heráclito cuando afirmaba que "nunca bebemos dos veces del mismo río" –no sólo porque el agua es otra, sino también porque la persona cambia en el intervalo– y, mucho antes, en Oriente, los chinos habían registrado su pensamiento filosófico, social, político, bélico e individual en el *Libro de las mutaciones* (*I Ching*), que hasta nuestros días se utiliza en todo el planeta como guía de conducta y predicción. Inventos, reformas, descubrimientos, innovaciones suceden todo el tiempo, y el mismo planeta sufre modificaciones geográficas y climáticas con mayor o menor grado de aceleración. También es un hecho que la inercia social genera resistencia a los cambios, en especial a los que irrumpen en forma aparentemente repentina, y bien lo supieron Copérnico, Darwin, Newton, Colón, Stravinsky o Picasso. No es novedad que siempre se está gestando una nueva cultura basada en la presente, pero no todos lo advierten y en la realidad actual esa transformación es tan vertiginosa y turbulenta, que exige una capacidad de adaptación más ágil y despierta que nunca; demanda la creación de nuevos planes, proyectos, objetivos y la adquisición de nuevas herramientas para llevarlos a cabo. Ya se ha probado que quienes carecen de nuevos recursos quedan al margen del torrente de la modernización, de este nuevo presente cultural, y se agudizan sus dificultades. No hemos sido entrenados

COACHING PARA LA TRANSFORMACIÓN PERSONAL

para saber qué hacer cuando los paradigmas a los que estamos habituados comienzan a quebrarse, por eso tendemos a aferrarnos a lo viejo aunque ya no sirva, a refugiarnos en la pasividad del "así tendrá que ser" o la falsa comodidad de culpar a las circunstancias o a otros de los propios fracasos, frustraciones, errores e inconvenientes.

Para muchos, los cambios del contexto siguen siendo sorpresivos e imprevistos. Hay otros, sin embargo, "idealistas" y desafiantes, que han detectado y aceptado los indicios, y ya se disponen a buscar nuevas oportunidades, guiados por su intuición. Están en el presente, abiertos, receptivos, construyendo espacios generativos para un futuro inmediato, listos para enriquecer sus vidas y expandirse. De estos tomaremos las lecciones elementales para vivir una vida plena y contribuir al crecimiento de las organizaciones –familia, grupo, empresa– a las que pertenecemos.

Muchos, la mayoría, miramos el mundo creyendo que el caos y la inestabilidad están fuera de nosotros, sin darnos cuenta de que lo que está ocurriendo es, además, un movimiento personal profundo que nos lleva a una gran transformación.

Para Marilyn Ferguson[2], "Vista a la luz de unos ojos nuevos, la vida de cada cual puede dejar de ser un accidente para transformarse en una aventura. Es posible ir más allá de antiguos condicionamientos y expectativas miserables. Contamos hoy con nuevas maneras de nacer, y nuevos, más humanos, y simbólicos, modos de morir; se puede ser rico de otras maneras".

El futuro, decía Teilhard[3] está en manos de quienes pueden ofrecer razones para vivir y para esperar a las generaciones del mañana. Al respecto, comenta Stephen Nachmanovitch[4] que "el quid de la conducta extraordinaria –genio,

---

2. Ferguson, Marilyn: *La conspiración de Acuario*. Kairós, Barcelona, 1985.
3. Citado en Diamante, Hugo: *Op. cit.*
4. Íd.

magia, heroísmo– por lo general no es cuestión de tener un cerebro grande, sino de tener las ideas que tienen todos, más una dosis extra de coraje, sensibilidad, obstinación y, a veces, hasta una falta de holgazanería cotidiana, para que podamos actualizar esas ideas y hacerlas realidad".

La evolución personal nos lleva a la evolución organizacional. Porque ¿qué son las organizaciones? Gente: un conjunto de personas que interactúan a través de redes conversacionales. Humberto Maturana[5] sostiene que la empresa no existe fuera del espacio humano que la produce y hace posible. **Sin personas no hay organización.** Son personas que piensan, sienten, tienen una historia, creencias y valores que las caracterizan y se mueven en el mundo para alcanzar los objetivos que se proponen. Sólo quienes entiendan esto podrán llevar adelante sus organizaciones, ya que el mundo de hoy necesita de personas que quieran cruzar el umbral, impulsadas hacia un nuevo "territorio" fuera de la zona de confort actual, un territorio que los invite a crecer y evolucionar hacia una nueva conciencia. Las organizaciones sólo crecerán si tanto sus directivos como su gente se preparan para asumir cambios profundos en su manera de pensar y de hacer las cosas. El desafío y las oportunidades pueden ser enormes si líderes y equipos se abren al desarrollo personal, al aprendizaje y la evolución. En palabras de Adam Kahame[6], "nuestra capacidad de ver y cambiar el mundo evoluciona de la mano de nuestra capacidad de vernos y cambiarnos a nosotros mismos".

La realidad que enfrentamos las personas cuando queremos construir nuestro futuro está repleta de cambios e incertidumbre. El famoso historiador y filósofo Joseph Campbell[7] recreó el mito del héroe, la historia humana

---

5. Comunicación personal del autor.
6. Kahame, Adam. Citado en Diamante, Hugo: *Op. cit.*
7. Campbell, Joseph: *El héroe de las mil caras.* Fondo de Cultura Económica, Buenos Aires, 1959.

universal subyacente a los relatos míticos de los diversos pueblos y culturas. El héroe viaja rumbo a lo desconocido en busca de una sabiduría que le falta y lo llama. Visto desde la perspectiva espiritual, este viajar no se refiere al desplazamiento en el espacio, sino al impulso de búsqueda y de cambio. El viaje que el héroe emprende implica una vivencia intensa de lo profundo y lo nuevo, y obedece más al anhelo de evolucionar que al de escapar.

Evolucionar hacia una nueva conciencia es una llamada hacia el propósito, la visión y misión de la persona, equipo u organización, a desarrollar la flexibilidad y aumentar los recursos necesarios para navegar con éxito en este nuevo océano y superar los obstáculos que puedan aparecer en el trayecto. Oír esa llamada exige coraje y valentía, pero el premio es llegar a ser más de lo que se ha sido para contribuir a la energía vital del mundo. Es un viaje que no tiene vuelta atrás, abierto a múltiples posibilidades, direcciones y opciones.

Hay personas que nunca encuentran su llamada y otras que no saben qué hacer con ella, se sienten incapaces de actuar en consecuencia, pierden su identidad y el orden normal se altera. Para superar este problema, necesitamos ir a un nivel más elevado, decididos a afrontar los desafíos que requieren ir más allá de nuestros límites.

Al conectarnos con el **propósito** de nuestra vida, con nuestra **misión**, no estaremos solamente trabajando para lograr objetivos personales o profesionales, sino también para satisfacer el sentido más profundo de nuestra vida. Esto nos aporta la capacidad de transformar nuestra existencia. "Estar en casa", "volver al hogar" es un "estado del ser" y de reencuentro con nosotros mismos, desde nuestra esencia. El coaching se ofrece como una propuesta interesante para lograrlo.

¿Qué es el coaching?

La palabra inglesa *coach* significa literalmente "carruaje" y, por asociación, "transporte". Etimológicamente, el coach es quien conduce a alguien de un lugar a otro y, por extensión, el entrenador, especialmente en el ámbito deportivo, que conduce a un atleta o un equipo a desarrollar su potencial hasta su máximo rendimiento. Desde esa acepción original, su uso se amplió de tal manera, que no es posible encontrar un sinónimo en su lengua ni un equivalente suficientemente abarcador en otras, por eso el castellano la ha adoptado en préstamo. En Latinoamérica, muy especialmente en la Argentina, a través de los medios masivos de comunicación[8] su significado volvió a restringirse, esta vez para designar al preparador de aficionados en determinada disciplina artística.

Es hora de recuperar toda su profundidad: hacer coaching es acompañar a otro a reconocer la aventura de su propio héroe y apoyarlo en ella, como demostraré a lo largo de este libro. Esa tarea incluye despertar su alma, lo que, a su vez, requiere que el coach haya sido primero capaz de encontrarse a sí mismo.

En este libro llamaremos "cliente" o "coacheado" al que otros autores denominan "coachee", es decir, a quien pide apoyo para enfrentar el desafío de iniciar este viaje.

El coaching es un camino para superar limitaciones. Permite hacer conscientes acciones, hábitos, valores, creencias, historias y juicios, a fin de facilitar procesos de cambio que permitan al cliente tomar acciones que lo lleven a ser una mejor persona, más completa.

---

8. Particularmente del programa televisivo argentino *Showmatch*, conducido por Marcelo Tinelli, en sus formatos de concurso "Cantando por un sueño", "Bailando por un sueño" y "Patinando por un sueño".

Es una oportunidad de trascender, de ir más allá. Es una manera poderosa de reinventarse a cada momento, de generar futuro, tanto a nivel personal como organizacional.

Se trata de una modalidad de aprendizaje basada en un modelo de observación, acción y resultado que entiende que las acciones que cada persona realiza y los resultados que obtiene dependen del tipo de observador que es. Siendo observadores diferentes logramos ver nuevas oportunidades de acción. Esas posibilidades que generamos cambiando nuestro modo de observar el mundo son las que definen nuestros logros, la calidad de nuestra vida y el tipo de personas que elegimos ser.

Una de las habilidades más valiosas que tiene el coach es la capacidad para acompañar al cliente en el proceso de salir de sus posiciones habituales, generar espacios nuevos y sorprendentes que lo conduzcan a percibirse a sí mismo y a su entorno de un modo diferente del que lo estaba haciendo hasta ese momento, de modo de abrir un mundo nuevo de posibilidades.

Este modelo nos permite comprender cómo tomamos decisiones, cómo actuamos, nuestros logros, nuestras dificultades, nuestras interrelaciones, nuestra existencia como seres humanos.

Tipos de coaching

El coaching se puede aplicar a diferentes áreas, incluyendo, naturalmente, la deportiva. Existen hoy el coaching personal o life coaching, el organizacional, el ejecutivo, el de equipos, entre otros. Una consideración aparte merece el manager coach o el directivo como coach.

El coaching individual o personal se ocupa de las relaciones, carrera, economía de la persona y también de su desempeño laboral o profesional. El coaching ejecutivo, siendo un coaching individual, se especializa en facilitar a quienes tienen cargos de responsabilidad en sus distintos niveles de la organización para que logren sus objetivos. Implica un espacio amplio de dominios de intervención: desde los relacionados con lo personal hasta los de impacto inmediato en la realidad organizacional.

El coaching organizacional, aplicado a la empresa, es una clara muestra del compromiso de esta con el desarrollo de su gente. Ofrece una inversión a largo plazo con un mejor resultado en el desempeño, y contribuye a la creación de una cultura colectiva basada en el apoyo. Permite conservar a los empleados clave, evita la pérdida de información y el costo de volver a capacitar a otros. Interviene en los problemas del líder con sus pares, toma de decisiones, estilos de liderazgo, dificultades en la comunicación, en la gestión, etc. También ayuda a definir la visión, los valores y la misión, y alinearlos al servicio de los objetivos comunes de la organización. Se enfoca sistémicamente en el conjunto de sus componentes, relaciones e interacciones. El desarrollo del coaching organizacional puede incluir la aplicación de coaching individual y de equipos. Uno u otro tipo son parte de las técnicas que la problemática concreta requiere. Por ejemplo, hay personas que necesitan mejorar sus competencias y trabajar su manera de relacionarse con su equipo de trabajo, de hacer frente a los cambios, de manejar la incertidumbre, etc. El coaching de equipos tiene como objetivo específico la mejora de efectividad en el rendimiento de un equipo en su conjunto por encima de la suma de sus partes. Se centra en las relaciones entre las tareas, visión, y misión de los individuos que intervienen y el contexto en el que se desempeñan.

Entonces, si bien los resultados obtenidos influyen directamente en el conjunto, es importante comprender que el coaching se focaliza en el individuo y su relación con el contexto, trabajando sobre sus habilidades, competencias, y limitaciones. Su historia personal, creencias y valores son la base fundamental de su manera de actuar y, por lo tanto, de su desempeño. Puede ocurrir también que algún directivo tenga dificultades en el área laboral debido a alguna preocupación acerca de su vida privada, por ejemplo, sus hijos o su pareja. Esto muestra que no siempre es tan fácil establecer el límite entre lo personal y lo laboral.

Es importante diferenciar entre el gerente que tiene habilidades y competencias de coaching incorporadas en su gestión del que hace coaching a sus colaboradores. Este es el manager-coach. El primero interviene identificando los obstáculos que hacen que su gente no logre sus objetivos. El manager-coach desarrolla su hacer facilitando el proceso de coaching para que su gente alcance un desempeño más alto, generando niveles profundos de consenso y comprometiéndose con el desarrollo de talentos. En este caso, para que el manager-coach pueda hacer coaching formal a su gente, será necesario que, primero, este rol sea parte de la cultura organizacional y que se establezcan pautas bien definidas al respecto. Este tipo de coaching enfrenta algunas situaciones que lo hacen menos efectivo que un coaching externo, por ejemplo: puede ocurrir que el cliente-colaborador encuentre difícil llevar situaciones de conflicto a su jefe o que calle experiencias que se dan en las relaciones de trabajo. Por su parte, la responsabilidad principal del manager-coach es la organización, con lo cual puede resultarle difícil ser objetivo, incluso en una evaluación de desempeño. Además, es una tarea a sumar a su trabajo cotidiano. Lo recomendable es que este tipo de coaching se centre en los aspectos directamente relacionados con las responsabilidades y tareas del cliente. En los casos en que los obstáculos del colaborador tengan una influencia relevante de aspectos personales lo aconsejable es la contratación de un coach externo.

¿En qué situaciones se pide coaching?

La decisión de cambiar de una persona o una organización es precedida por una cadena de resultados insatisfactorios, de los que no puede detectarse el origen. Se admite que algo no funciona en el nivel de efectividad que podría tener, pero, al estar tan dentro de la situación, no es posible advertir qué ocurre. La emocionalidad predominante es de descontento, insatisfacción y desesperanza, y predomina la convicción de que por más que se intente hacer algo distinto, se cae siempre en el mismo círculo que obliga a repetir conductas indeseadas y a alejarse de los resultados deseados y obtenibles. Este es el momento de pedir coaching.

¿Qué rol desempeña el coach?

El coach guía y apoya al cliente para obtener lo mejor de sí mismo, alcanzar lo que quiere alcanzar y ejercer los cambios que necesita.

El coach colabora para que las personas sean un observador distinto, orientándolas hacia un nuevo modo de actuar, lo que determinará una nueva modalidad de ser y de enfrentarse con el mundo. Es precisamente ese cambio en la postura del observador lo que permitirá que aun la acción más pequeña, por el hecho de ser diferente de cuanto se hizo hasta el momento, provoque resultados inéditos.

Para facilitar el cambio, el coach domina el arte de hacer preguntas, sabe indagar y escuchar. Esto le permite obtener información precisa y de alta calidad, conectar el lenguaje con la experiencia, desarmar el "diálogo interno" (conversaciones privadas), identificar limitaciones, recuperar recursos y encontrar opciones. En definitiva, le permite hacer las preguntas indicadas que desconcierten y reencuadren la dificultad expresada por el cliente, preguntas que le permitan recuperar datos del contexto. Además, la pregunta es el elemento fundamental de este proceso ya que, a partir de ella, el coach consigue que el cliente reestructure su visión de la realidad, profundizando en su persona y descubriendo valores que antes no habían sido percibidos.

El coach no tiene un rumbo prefijado, sino que lo va descubriendo junto con el cliente. Como dice Antonio Machado, "se hace camino al andar". Por esto no es mejor coach el que tiene una visión previa acerca del camino a recorrer, sino el que tiene las competencias para explorar, indagar, un terreno incierto, sólo sabiendo que debe ir desde el estado actual conocido (lo que siempre se ha hecho), hacia el estado deseado, capaz de ofrecer alternativas y opciones.

Rafael Echeverría[9] dice: "Pensar es indagar. Quien no sabe indagar es incapaz de pensar". Indagar nos conduce a hacer una reflexión, revisando lo que damos por supuesto, a conectarnos con nosotros mismos y con nuestra creatividad, para mejorar nuestra manera de ser.

Un coach sabe escuchar y verificar la escucha. Buceando en las historias o relatos del cliente, va detectando cuál es la interpretación que este da a los hechos o experiencias que cuenta. En esta escucha el coach percibe, no solamente la interpretación, el sentido dado por el cliente, sino también las inquietudes y las necesidades que este tiene. A la vez, al percibir su corporalidad, el coach detecta también su estado emocional. Así descubre la manera de observar el mundo que tiene el cliente y puede intervenir de manera efectiva en ella.

La escucha es una de las habilidades más importantes del ser humano ya que define la relación con nosotros mismos y con el mundo y, por lo tanto, la calidad de nuestra vida.

Según el propio Rafael Echeverría, "el coach es un gran facilitador de aprendizaje, de los procesos de transformación de otros seres humanos, de sus procesos de auto-invención, ...un partero de una nueva forma de ser, un facilitador del devenir".

---

9. Comunicación personal del autor.

¿Por qué es "ontológico"?

La ontología (del griego *onthós*, "ente") es una rama de la metafísica que estudia la esencia, características, particularidades, etc., del ser y del estar, no sólo de los seres vivos, sino también de los objetos y las abstracciones. El primero en usar ese nombre fue el filósofo Goclenio, en 1613, y poco después Leibniz la definió como "la ciencia de lo que es y de la nada, del ente y del no ente, de las cosas y de sus modos, de la sustancia y del accidente".

Rafael Echeverría, doctor en Filosofía y autor del libro *Ontología del Lenguaje*, basó su trabajo en los conceptos de Fernando Flores, doctor en Filosofía Analítica del Lenguaje y de la Ciencia, y en los de los doctores en Biología Humberto Maturana y Francisco Varela, todos ellos chilenos contemporáneos. El concepto básico de esta disciplina es considerar a las personas como seres principalmente lingüísticos, lo que abre a una nueva interpretación de la humanidad.

En palabras de Echeverría[10], "La Ontología del Lenguaje representa la convergencia de dos líneas autónomas de indagación que se llevan a cabo durante el siglo XX. Curiosamente, ambas se encuentran ya esbozadas, de manera germinal, en el pensamiento de Friedrich Nietzsche, a fines del siglo XIX. La primera de estas líneas de indagación es aquella que busca replantearse la pregunta sobre el ser humano. Entre sus representantes más destacados figuran los filósofos Martin Heidegger y Martin Buber. Para Heidegger, 'ontología' es la respuesta que damos a la pregunta sobre aquel ser que se pregunta sobre el ser.

"La segunda línea de indagación surge de desarrollos que se registran en la filosofía analítica. Su principal preocupación se dirige a replantearse el fenómeno del lenguaje. Entre sus representantes principales podríamos

---

10. Tomado del programa de formación de coaches de Newfield Consulting, dictado por Rafel Echeverría y Alicia Pizarro en México, España y EE.UU., 2000.

mencionar a Ludwig Wittgenstein y J. L. Austin, fundadores de la Filosofía del Lenguaje. A partir de sus contribuciones se logra reinterpretar el carácter del lenguaje. Mientras nuestra concepción tradicional concebía al lenguaje como algo fundamentalmente pasivo y descriptivo, los filósofos del lenguaje nos muestran que el lenguaje es también activo y generativo. Con el lenguaje no sólo describimos y transmitimos lo que observamos. Los seres humanos también actuamos a través del lenguaje y al hacerlo transformamos nuestras identidades y el mundo en el que vivimos, transformamos lo que es posible y construimos futuros diferentes."

La pregunta por nuestro ser da inicio a la búsqueda del sentido de la vida, de lo que vemos, oímos y sentimos. Y lo hacemos contando historias. Las conversaciones son la clave para comprender cómo somos los seres humanos. Somos nuestras conversaciones: la manera como conversamos con nosotros mismos y con los demás determina nuestro particular modo de ser, y qué tipo de vida vamos a generar.

¿Qué es la PNL?

La PNL es el arte de la excelencia humana. Se dedica al estudio de la experiencia subjetiva y de los procesos de aprendizaje. Nos provee herramientas y habilidades para el desarrollo de estados óptimos en comunicación y cambio, a la vez que promueve la flexibilidad del comportamiento, el pensamiento estratégico y la comprensión de los procesos mentales.

Los campos de aplicación son tan amplios como lo son los de las relaciones interpersonales.

Su facilidad de aplicación "a medida" para diferentes situaciones personales, grupales y organizacionales sumada a su gran efectividad la convirtieron en uno de los modelos de interacción humana más efectivos desarrollados en los últimos tiempos.

Su nombre puede desglosarse y explicarse como sigue.

Programación *(Del lenguaje cibernético).*
Se refiere al proceso de organizar los componentes de un sistema para conseguir resultados específicos.
La PNL especifica y codifica las características de un talento excepcional, con lo que permite el acceso a los recursos internos. De esta manera, promueve el pleno desarrollo del potencial humano.

Neuro *(Del griego* neuron: *nervio).*
Todo comportamiento es el resultado de procesos neurológicos.
La PNL se relaciona con el modo en que empleamos la mente, el cuerpo y los sentidos para pensar y darles significado a nuestras experiencias. Cuanto más conscientes seamos de nuestras pautas de pensamiento, más flexibilidad –y por lo tanto, más influencia– podremos ejercer sobre nuestro presente y nuestro futuro.

Lingüística *(Del latín* lingua: *lenguaje).*
Indica que los procesos neuronales se representan, ordenan y secuencian en modelos y estrategias por medio del lenguaje.
Utilizar los patrones del lenguaje verbal facilita el cambio, permite tomar conciencia de cómo hacer uso de los sentidos para enriquecer y darle vida a la expresión verbal, generando información de calidad y descubriendo y modificando las restricciones autoimpuestas.

Entre las definiciones de los más notables especialistas en la materia, podemos resaltar las que siguen.

- "Básicamente, desarrollamos maneras de enseñarle a la gente a usar su propia cabeza."[11]
- "Es la práctica de comprender cómo las personas organizan sus pensamientos, sentimientos, lenguaje y comportamiento para producir resultados. Provee a las personas una metodología para modelar el funcionamiento excepcional conseguido por los genios y líderes en su campo."[12]
- "La PNL se ocupa de la influencia que el lenguaje tiene s obre nuestra programación mental y demás funciones de nuestro sistema nervioso. Trata asimismo del mo do en que nuestra programación mental y nuestro sistema nervioso se reflejan tanto en nuestro lenguaje co mo en los patrones lingüísticos que empleamos."[13]
- "Es el estudio sistémico de la comunicación humana. Es el modelado de la excelencia y la manera de comprender cómo llegar a resultados extraordinarios y permitir a otros alcanzar lo mejor que ellos mismos puedan alcanzar."[14]

En cuanto a mí, la PNL me permitió atravesar los más grandes desafíos personales y profesionales, y se convirtió en una filosofía de vida. Sus principios se han transformado en la raíz de mi pensamiento y mi relación con el mundo. Comprendí que los seres humanos creamos nuestra realidad "armando" representaciones acerca de nosotros mismos y del mundo y que, cambiando esas representaciones, es posible cambiar nuestra manera de ser y hacer y, por lo tanto, nuestra realidad.

11. Bandler, Richard: *Use su cabeza para variar*. Editorial Cuatro Vientos, Santiago de Chile, 1988.
12. Grinder, John: comunicación personal del autor.
13. Dilts, Robert: *El poder de la palabra*. Urano, Barcelona, 2003.
14. O'Connor, Joseph y Seymour, John: *Introducción a la PNL*. Urano, Barcelona, 1992.

Breve historia de la PNL

La PNL nació en la década de los '70 en la Universidad de California, en Santa Cruz, Estados Unidos, donde Richard Bandler, matemático, terapeuta gestáltico y experto en informática, y el lingüista John Grinder, ambos, además, doctores en Psicología, estudiaron patrones de comportamiento comunicacional para desarrollar modelos y técnicas que pudieran explicar las estrategias de excelencia de la comunicación humana. El origen de su investigación fue su curiosidad por entender cómo a través de la comunicación verbal y no verbal se producían cambios en el comportamiento de las personas. Objeto de su observación fueron: la exitosa terapeuta familiar Virginia Satir, el padre de la hipnología médica moderna, Milton Erickson, y el creador de la terapia gestáltica, Fritz Perls.

Recibieron además gran influencia teórica de Gregory Bateson (1904-1980), antropólogo, sociólogo, cibernético, uno de los más importantes estudiosos de las organizaciones sociales del siglo XX. Desde su punto de vista, la mente es parte constitutiva de la realidad material y, como consecuencia, no tiene sentido escindirla de esta.

Bandler y Grinder llegaron a la conclusión de que los comportamientos de personas exitosas se pueden descubrir y, una vez aprendidos, se pueden reproducir y enseñar. El conjunto de los patrones que modelaron y sus influencias teóricas dieron origen a la PNL.

La PNL y la Ontología del Lenguaje son dos modelos complementarios y están al servicio del coaching, ya que ellas operan en el lenguaje, emociones y corporalidad. Intervienen en el dominio de la acción para que el cliente pueda alcanzar el estado deseado. Estas tecnologías aportan muchas herramientas poderosas que pueden ser usadas en diferentes ámbitos, a nivel personal y organizacional.

Al modelar la excelencia humana, la PNL detecta y permite transferir patrones de éxito de unas personas a otras,

haciendo que unas personas consigan lo que otras han podido lograr. A su vez, la Ontología permite conectar con
ese ser humano particular que se pregunta por el ser. De
esta manera, el coaching hace que las personas puedan alcanzar estándares extraordinarios, no conseguidos por
ellas aún.

CAPÍTULO 1

EL CAMBIO

Invitación a reinventar el futuro

Existen dos poderosas razones para que las personas y las organizaciones se mantengan flexibles al cambio –de herramientas, opiniones, situaciones, conocimientos–: una es la exigencia de adaptarse a un contexto en permanente transformación, y la otra, mejorar la calidad de vida.

Es usted mismo el que debe hacerse responsable de crear su propia realidad, teniendo en cuenta que no existe la transformación social sin una transformación individual y que sin la participación de nuevas conversaciones que abran posibilidades, no hay desarrollo personal. "La auto-organización –escribe Margaret Wheatley[1]– es la capacidad de la vida de autocrearse. De la nada se crea algo. No se requiere de planes y diseños impuestos externamente. La vida comenzó con esta habilidad de autocreación. Todos los sistemas vivos poseen esta habilidad de autocrearse, no sólo al comienzo sino a lo largo del continuo proceso de sus vidas."

Una condición del cambio es que este ocurre cuando nos identificamos con él. Nos comprometemos con el cambio cuando nos damos cuenta de que podemos y queremos ser más de lo que somos actualmente.

---

1. Citado en Diamante, Hugo: *Op. cit.*

Hacia el estado deseado

> *Usted es el narrador de su propia vida*
> *y puede o no crear su propia leyenda...*
> Isabel Allende[2]

Como ya se adelantó, esta es una oportunidad para salvar la brecha entre lo que usted es hoy y lo que quiere llegar a ser. Le propongo entonces un ejercicio para que todo lo que lea y aprenda se ponga al servicio de ese paso.

Si tiene una dirección, es decir, sabe dónde quiere estar, todo lo que viva a través de este libro va a dirigirse hacia ese objetivo. Por eso, realizar esta actividad requiere apertura, compromiso y entrega.

Partimos del desafío de lograr que **se sienta más vivo en el mundo**; sabiendo que allí donde hay luz también hay sombras y que vivir una vida plena es saber manejar tanto unas como otras. Traemos heridas de nuestra historia familiar, de nuestra cultura y de nuestra experiencia cotidiana. Lo que vamos a hacer es conectarnos con los regalos que nos permitan curar esas heridas.

Para ello, necesitamos cruzar el umbral de nuestra frontera de comodidad. Ese tránsito contiene el desafío de que no es posible volver atrás, sólo hay un camino hacia adelante. Es un territorio nuevo a recorrer.

Ejercicio N° 1. Establecer la brecha entre el estado presente y el estado deseado

¿Qué tipo de persona quiere ser?

Le pido que haga una reflexión. Identifique las creencias sobre sí mismo y su entorno que lo detienen y/o limitan. Escriba, en una libreta, cuaderno o archivo de su computadora:

---

2. Citado en Diamante, Hugo: *Op. cit.*

- cómo quiere ser,
- cuáles son los objetivos que desea alcanzar,
- cuál es el propósito (el para qué),
- qué nuevos comportamientos y capacidades debe desarrollar para favorecer su avance hacia la meta.

¿Qué tipo de persona está siendo hoy?

Detecte qué emocionalidad[3] o estado de ánimo percibe en usted.

Explore qué se dice internamente, qué creencias y juicios mantiene acerca de usted mismo.

Luego, escriba su reflexión acerca de lo que observó en esta parte del ejercicio.

Compárelo con lo que quiere, lo que desea y determine qué lo separa de sus metas.

Conserve a mano sus respuestas.

Hablemos de tiempos de cambio

Somos un presente en continuo cambio.
Humberto Maturana[4]

Abrir la mano y soltar la certidumbre.
Ximena Yáñez[5]

Como hemos visto, cada día aparecen cosas nuevas que tenemos que enfrentar. Los cambios del medio, del clima, la moda, el mercado, los gustos, la economía, la política, las relaciones personales, familiares e internacionales, pueden ser revolucionarios o paulatinos, progresistas o retrógrados, vistos como peligro o como ventaja. En este contexto, en

---

3. Término utilizado en coaching para hablar de las emociones.
4. Comunicación personal del autor.
5. Comunicación personal de la autora.

ocasiones sentido como caos, muchas veces sucede que los recursos y estrategias que siempre utilizábamos comienzan a dejar de servirnos para lograr resultados. ¿Qué hacer? Es importante actuar y aprender a vivir en la incertidumbre. Apoyarnos en nuestras relaciones y en las situaciones que nos dan seguridad constituye parte de la ayuda para encontrar el propósito de nuestra existencia y el sentido de nuestros días frente a los desafíos que nos plantea la vida. La verdadera respuesta está en aprender a observar el mundo y a nosotros mismos de manera diferente, recuperando recursos y generando nuevos sentidos, nuevas posibilidades y nuevas perspectivas. Y en cambiar para desplegar todo el potencial de nuestro ser, para ser mejores personas, tener una mejor calidad de vida, evolucionar y acompañar los cambios del entorno.

No podemos mirar hacia el futuro si estamos aferrados al pasado. Bien puede ocurrir que algunos de los recursos que utilizó en su vida hasta hoy ya no le sirvan o que usted no esté pudiendo alcanzar los objetivos que se ha propuesto; en ambos casos, tal vez no le queden muchas otras cosas por hacer que animarse a cambiar. Para hacerlo es importante dar a nuestro cerebro una dirección, de lo contrario él nos llevará a los viejos lugares conocidos como si estuviera diciendo "esta es la única forma de hacerlo". Necesitamos hacernos cargo de nuestro propio futuro, pensar qué queremos, adónde queremos ir, qué tipo de personas queremos ser y conseguir que eso suceda.

¿Para qué cambiar?

La fuente de la miseria humana

Fue una de las más grandes tragedias que se hayan visto. Ellos fueron encarcelados por un crimen que no cometieron. Sus captores no revelaron cuál era el supuesto crimen, pero de cualquier modo los mantenían presos. Les eran cubiertas sus necesidades básicas, pero sus vidas eran un infierno. Casi todos los momentos de cada día eran atormentados y maltratados. Eran insultados constantemente y se les decía que eran unos buenos para nada.

Estaban llenos de preocupaciones y de miedos acerca de cualquier cosa y de todo. Eran victimizados y se les daban tantos mensajes cruzados que se volvieron inseguros de quienes eran y de lo que podían lograr. A algunos de ellos se les aislaba de los demás, mientras a otros se les mantenía en mala compañía, con aquellos quienes constantemente los presionaban. Algunos querían morir. Algunos se mantenían luchando con la vida. Todos eran mantenidos en algún grado de cautiverio.

Eran constantemente criticados acerca de lo que hacían. Se les hacía sentir pésimo cada vez que cometían una equivocación. Se les mantenía alejados de todo lo que habían querido siempre. Su decepción y desesperanza crecía día a día. Ellos se autocompadecían y lanzaban su frustración unos a otros. Mientras tanto, sus captores empeoraban las cosas y los prisioneros sólo se preguntaban si esto terminaría alguna vez. Estaban sobrecargados por todo lo que eran forzados a hacer. Sufrían y estaban desamparados.

Se les concedían momentos de "libertad", pero no era libertad realmente. Muy dentro de ellos, sabían que tendrían que soportar el dolor que pronto sus captores les infligirían nuevamente, y el alivio temporal no significaba nada. Ellos sufrían la mayor parte del tiempo. Su salud decaía por el maltrato. Muchos de ellos no podían ni dormir. Sus vidas estaban privadas del significado que alguna vez habían tenido. Caminaban deprimidos, ansiosos, temerosos y frustrados de todo. Anhelaban libertad.

Así que, ¿quiénes eran ellos? ¿Quiénes eran sus captores?

"Ellos" eran la raza humana, y sus captores eran sus mentes.

Desde tu nacimiento, has aprendido maneras habituales de pensar, sentir y comportarte. Muchos de estos hábitos te aprisionan en la infelicidad, la soledad, la auto duda, la auto conmiseración y el odio. Estos, a su vez, afectan tu salud, tus relaciones y tu vida.

Richard Bandler y Owen Fitzpatrick[6]

El cambio es una puerta que tiene el picaporte únicamente del lado de adentro.
Marilyn Ferguson[7]

6. Bandler, Richard y Fitzpatrick, Owen: *Conversaciones.* Khaos, México, 2008.
7. Ferguson, Marilyn: *Op. cit.*

Lo invito ahora a reflexionar acerca del cambio en su propia vida a través del siguiente ejercicio.

Ejercicio N° 2. Si nada cambia, nada cambia

Todo aquello que puedas hacer
o soñar que puedes hacer, empiézalo ahora.
La audacia tiene genio, poder y también magia.
Goethe[8]

En el espacio que destinó a la realización de estas actividades, haga una lista de los cambios que usted sabe, o descubrió en el ejercicio anterior, que debería hacer y que no decidió aún. No se trata de los cambios que otros quieren que haga, sino de los que íntimamente sabe que quiere o debe realizar para estar mejor; el tipo de cambios que se promete emprender "una vez que...", o "en Año Nuevo", "cuando tenga tiempo", "cuando esté más tranquilo"... Son esos pequeños o grandes cambios que, de haberlos puesto en práctica ya, estarían convirtiéndolo en una persona mejor, más sana, más próspera, más...

Primera parte. El costo de no haber hecho el cambio

Elija de la lista un cambio que sería significativo en su vida, aunque posible y no necesariamente drástico, grande o difícil. Puede estar relacionado con hábitos que hoy le traen sufrimiento o lo dañan, como el de fumar; puede residir en el ámbito personal o laboral, como el de estudiar inglés, o buscar un empleo mejor remunerado o más acorde con su vocación y conocimientos, o empezar otra carrera; tal vez pertenezca a la esfera afectiva (¿casarse? ¿divorciarse?), de la salud (esa consulta médica que viene posponiendo, esa dieta

8. Von Goethe, Johann Wolfgang. Citado en Diamante, Hugo: *Op. cit.*

que no termina de cumplir, ese tratamiento que abandonó), ambiental (simplemente, ordenar y decorar el espacio donde vive o trabaja), o psicológico (aumentar la autoestima, por ejemplo).

Usando su mayor creatividad, imagínese cómo estará usted en el futuro si no toma ahora mismo esa decisión.

Dentro de seis meses

1. **Físicamente.** ¿Cómo se ve? ¿Cuáles son las modificaciones físicas que el simple paso de 6 meses, sin haber cambiado nada, ha dejado en usted?
2. **Familiarmente.** ¿Con quiénes está? ¿Cómo están? ¿Qué opinión tienen de usted?
3. **Económicamente.** ¿Cómo incide en su economía no haber hecho ese cambio?
4. **Imagen/modelo ante los otros (familiares, hijos, amigos, alumnos, etc.).** ¿Qué piensan de usted los que lo quieren? ¿Y los que no lo quieren?
5. **Autoestima.** ¿Qué piensa de sí mismo?
6. **Estado interno.** ¿Cómo siente no haber cambiado?
7. **Salud.** ¿Cómo es su equilibrio psicofísico?
8. **¿Qué habrá perdido? ¿Qué habrá ganado?**

Dentro de un año

1. **Físicamente.** ¿Cómo se ve? ¿Cuáles son las modificaciones físicas que el paso de un año, sin haber cambiado nada, ha dejado en usted?
2. **Familiarmente.** ¿Con quiénes está? ¿Cómo están? ¿Qué opinión tienen de usted?
3. **Económicamente.** ¿Cómo incide en su economía no haber hecho ese cambio?
4. **Imagen/modelo ante los otros (familiares, hijos, amigos, alumnos, etc.).** ¿Qué piensan de usted los que lo quieren? ¿Y los que no lo quieren?

COACHING PARA LA TRANSFORMACIÓN PERSONAL

5. **Autoestima.** ¿Qué piensa de sí mismo?
6. **Estado interno.** ¿Cómo siente no haber cambiado?
7. **Salud.** ¿Cómo es su equilibrio psicofísico?
8. **¿Qué habrá perdido? ¿Qué habrá ganado?**

Dentro de cinco años

1. **Físicamente.** ¿Cómo se ve? ¿Cuáles son las modificaciones físicas que el paso de cinco años, sin haber cambiado nada, ha dejado en usted?
2. **Familiarmente.** ¿Con quiénes está? ¿Cómo están? ¿Qué opinión tienen de usted?
3. **Económicamente.** ¿Cómo incide en su economía no haber hecho ese cambio?
4. **Imagen/modelo ante los otros (familiares, hijos, amigos, alumnos, etc.).** ¿Qué piensan de usted los que lo quieren? ¿Y los que no lo quieren?
5. **Autoestima.** ¿Qué piensa de sí mismo?
6. **Estado interno.** ¿Cómo siente no haber cambiado?
7. **Salud.** ¿Cómo es su equilibrio psicofísico?
8. **¿Qué habrá perdido? ¿Qué habrá ganado?**

Afortunadamente, todo esto no pasó. Sólo fue un ejercicio que lo guió para pensar en lo que uno generalmente no piensa sin un estímulo previo. Usted se dio cuenta a tiempo, y todavía tiene la oportunidad de cambiar todo lo que su inteligencia y su corazón le indiquen que debe modificar, *con sólo elegir hacerlo.*

Segunda parte. Resultados de haber ejercido el cambio

Ahora imagínese en el futuro habiendo realizado el cambio que se propuso.

Dentro de seis meses

1. **Físicamente.** ¿Cómo se ve? ¿Cuáles son las modificaciones físicas que el simple paso de seis meses ha dejado en usted, habiendo realizado y mantenido firmemente con éxito ese cambio?
2. **Familiarmente.** ¿Con quiénes está? ¿Cómo están? ¿Qué opinión tienen de usted?
3. **Económicamente.** ¿Cómo incide en su economía haber hecho ese cambio?
4. **Imagen/modelo ante los otros (familiares, hijos, amigos, alumnos, etc.).** ¿Qué piensan de usted los que lo quieren? ¿Y los que no lo quieren?
5. **Autoestima.** ¿Qué piensa de sí mismo?
6. **Estado interno.** ¿Cómo siente el haber cambiado?
7. **Salud.** ¿Cómo es su equilibrio psicofísico?
8. **¿Qué habrá perdido? ¿Qué habrá ganado?**

Dentro de un año

1. **Físicamente.** ¿Cómo se ve? ¿Cuáles son las modificaciones físicas que el paso de un año ha dejado en usted, habiendo realizado y mantenido firmemente con éxito ese cambio?
2. **Familiarmente.** ¿Con quiénes está? ¿Cómo están? ¿Qué opinión tienen de usted?
3. **Económicamente.** ¿Cómo incide en su economía haber hecho ese cambio?
4. **Imagen/modelo ante los otros (familiares, hijos, amigos, alumnos, etc.).** ¿Qué piensan de usted los que lo quieren? ¿Y los que no lo quieren?
5. **Autoestima.** ¿Qué piensa de sí mismo?
6. **Estado interno.** ¿Cómo siente el haber cambiado?
7. **Salud.** ¿Cómo es su equilibrio psicofísico?
8. **¿Qué habrá perdido? ¿Qué habrá ganado?**

Dentro de cinco años

1. **Físicamente.** ¿Cómo se ve? ¿Cuáles son las modificaciones físicas que el paso de cinco años ha dejado en usted, habiendo realizado y mantenido firmemente con éxito ese cambio?
2. **Familiarmente.** ¿Con quiénes está? ¿Cómo están? ¿Qué opinión tienen de usted?
3. **Económicamente.** ¿Cómo incide en su economía haber hecho ese cambio?
4. **Imagen/modelo ante los otros (familiares, hijos, amigos, alumnos, etc.).** ¿Qué piensan de usted los que lo quieren? ¿Y los que no lo quieren?
5. **Autoestima.** ¿Qué piensa de sí mismo?
6. **Estado interno.** ¿Cómo siente el haber cambiado?
7. **Salud.** ¿Cómo es su equilibrio psicofísico?
8. **¿Qué habrá perdido? ¿Qué habrá ganado?**

¿De qué se dio cuenta haciendo este ejercicio?
¿Qué emocionalidad tiene ahora?
Registre la experiencia en su espacio de trabajo.

Este es un ejercicio que aprendí hace unos años y practiqué en un seminario con Anthony Robbins, uno de los importantes maestros de la PNL. Cuando veía las consecuencias de no haber cambiado me sentía angustiada, ansiosa... con un dolor profundo por las consecuencias en todos los ámbitos de mi vida que me traía el no haber realizado esto que deseaba. Esas consecuencias no sólo iban a afectarme a mí, sino también a todo mi entorno, a mi familia y a mis hijos... hasta que hice la segunda parte del ejercicio. Allí, pude verme en acción, logrando el objetivo que me había propuesto. Vi, escuché y sentí qué pasaba en mi vida después de conseguir ese objetivo. Me di cuenta de que se iba armando un camino en mi mente que me llevaba a ver el logro y las repercusiones concretas que representaba. Me vi con una postura corporal distinta, poderosa, igual a la que otras veces me había permitido tener éxito en distintas situaciones.

¿Es posible reinventar nuestra vida?

Somos el resultado de nuestra historia personal, de nuestro pasado, pero aunque es importante lo que hemos hecho, ya que nos hizo ser como somos, no debemos dejar que ese pasado se interponga en el camino hacia el futuro. El hoy es diferente. Haga una reverencia y celebre su pasado, para entrar en un futuro que depende sólo de usted, ya que sólo usted le dará forma, elegirá lo que quiere y cómo lo quiere; al hacerse cargo de él, generará una historia distinta. Nadie puede ofrecerle una vida segura porque la seguridad no está en el mundo exterior, sino en usted mismo.

Para reinventar su vida, usted tiene la posibilidad de ser un observador diferente de las dificultades y de las circunstancias que vive diariamente, sabiendo que lo que ve es sólo resultado de una manera de enfocarlas. Hay una infinidad de formas distintas de observar. Darse cuenta de esto le permite reflexionar acerca de cómo es usted, cómo son sus relaciones y cómo interpreta el mundo, y que si cambia su manera de observar puede generar un mundo distinto, repleto de posibilidades.

Esta es su elección en un mundo de cambio como el de hoy. Reinventarse le permite anticiparse, tomar las riendas de su futuro y conducirse a su meta.

¿Para qué plantearnos cómo queremos ser?
¿Para qué plantearnos objetivos?

Las personas somos prisioneras de nuestro cerebro. Si no le damos dirección, este se manejará por su cuenta o quizás otros encontrarán la manera de hacerlo por nosotros.

Como dice Richard Bandler, uno de los creadores de la PNL[9], "La mayoría de las personas no utiliza sus propios cerebros en forma activa y deliberada. Su mente es como una máquina carente de un interruptor que la pueda desconectar. Si usted no le da alguna tarea, gira y gira hasta que se aburre. (…) Si su cerebro está sentado sin ninguna ocupación, va a comenzar a hacer algo, y no parece importar qué es ese algo. A usted puede importarle, pero a él no".

La PNL es, de acuerdo con Bandler, un proceso educativo. Si no le indicamos claramente hacia dónde queremos ir, la mente va para cualquier lado. Si la dejamos libre, se conecta con hechos del pasado, se engancha en el sufrimiento, en la queja, en el reproche, o bien en el futuro, en lo que va a pasar, en lo que quiere que pase y no pasa, etc. Siempre estamos buscando algo, pensando que "cuando **eso** llegue, vamos a ser felices" y cuando eso llega ya estamos pensando en otra cosa que sí nos va a dar la felicidad.

Cuando aprendemos a observar nuestra manera de pensar y nuestras emociones, comenzamos a estar en el presente; nos sorprendemos del movimiento constante de nuestra mente que nos aleja del ahora. Por ejemplo, si tomamos un taxi y no le decimos al conductor dónde queremos ir, pueden pasar varias cosas: este se quedará paralizado, sin saber qué hacer, o me conducirá hacia donde él quiera o suponga que me dirijo. Si yo le dijera que *no* quiero ir a Belgrano o a Flores, sería un milagro que fuera capaz de conducirme adonde realmente deseo llegar. Cuántas veces nos decimos en los pensamientos "No quiero que esto me vuelva a pasar, no quiero estar ansioso, no quiero comer mucho", y creemos que de esa manera vamos a poder alcanzar nuestros objetivos. Para que el chofer me lleve adonde quiero ir, tendré que decírselo específicamente y en positivo y, mejor aún, qué camino prefiero que tome

---

9. Bandler, Richard: *Op. cit.*

para llevarme allí. De la misma manera, cuando planteo los objetivos que quiero alcanzar, para que mi mente se dirija hacia ellos, necesitaré tener una visión lo más clara posible de adónde quiero llegar. Una vez que se lo indique claramente, mi cerebro se pondrá en marcha en esa dirección, buscando el mejor trayecto posible.

Por otro lado, cuando nuestra mente está a la deriva, tenemos una conversación interna, con nosotros mismos, que nos acecha constantemente generando historias acerca de lo que nos pasa y acerca de los otros; nos enquistamos en experiencias del pasado o nos identificamos con las historias que proyectamos en el futuro.

Mi objetivo es que usted aprenda a retomar el control de su propia vida, aprenda a rediseñarla y aprenda a cambiar su propia experiencia.

CAPÍTULO 2

EL OBSERVADOR

Para hacer cambios y para aprender a comunicarnos efectivamente, el primer paso es distinguir una serie de conceptos que nos permitan conocernos a nosotros mismos, detectar cómo observamos el mundo y, a la vez, qué tipo de observadores pueden ser nuestros interlocutores.

Ejercicio N° 3. Puntos de vista

Mire la figura de la página siguiente. ¿Quiénes imagina que son estas personas? ¿Dónde están? ¿Qué cree que hacen? ¿Por qué y para qué?

Anote sus respuestas. Luego muestre la ilustración a otras personas y pídales que describan la escena. Seguramente verán cosas distintas de las que usted vio, lo que le demostrará que el punto de vista, la experiencia, la información previa de cada uno intervienen poderosamente en diferenciar la percepción de una misma realidad.

La percepción del mundo, del otro y de nosotros mismos

Cuando propongo esta actividad en mis clases, recibo una gran variedad de respuestas: "Para mí son dos empresarios: el hombre de la derecha es el jefe y lo está reprendiendo al de la izquierda porque algo no hizo bien". "¡No! Creo que el gerente es el más joven que escucha al mayor que le está haciendo un reporte." "El mayor está presentando al más joven frente a un auditorio." "Me parece que son dos abogados que están discutiendo un caso. El más joven mira con displicencia." "Son dos marchands. ¿No ves los cuadros colgados en la pared?" "Son dos arquitectos. Uno es el padre y el otro es el hijo. El padre está intentando enseñarle y el otro lo mira como diciéndole 'No tengo nada que aprender'."

¿Qué pasa aquí? ¿Cuál es la verdad? En realidad, sólo es un dibujo en blanco y negro... ¿Se imaginan lo que sucede en la vida, cuando estamos viviendo las situaciones y están en juego nuestras emociones? La cantidad de historias que nos contamos...

El único ser que se cuenta historias y se las cree es el humano. ¿Sabe que vivimos contando historias? De todo lo que vemos y escuchamos, contamos relatos: de por qué sí, de por qué no, por qué esto es así o de la otra manera... Muchas veces discutimos o peleamos por esa verdad que defendemos. ¿Desde dónde cree que vemos lo que vemos y generamos estas historias? Desde nosotros mismos, desde nuestra experiencia, desde nuestras historias personales. Cada persona lleva consigo un mundo distinto de la mano: trae un pasado, una situación, una cultura.

Interpretamos todo lo que vemos, escuchamos y sentimos, y armamos representaciones internas de eso que percibimos. Nuestra particular forma de percibir e interpretar el mundo está determinada por nuestros modelos mentales.

Cada uno tiende a creer que tiene la capacidad de ver las cosas como son. Recuerde cuántas veces discutió creyendo que su idea y su forma de ver la situación eran "la verdad" o "la realidad". La PNL en cambio, sostiene que **"el mapa no es el territorio, sino su representación"**.[1]

---

1. Korszibsky, Alfred. Citado en Grinder, John y Bandler, Richard: *Estructura de la magia I*. Editorial Cuatro Vientos, Santiago de Chile, 1980.

Somos *creadores de modelos*. A través de ellos, diseñamos, perpetuamos y extendemos nuestros modelos culturales, y operamos sobre lo que nos rodea. Esos modelos, a los que la PNL llama "modelos mentales", nos permiten organizar y codificar nuestra interacción con nosotros mismos y con el entorno. Sin embargo, para que esa interacción resulte enriquecedora y productiva, es fundamental tener en cuenta que esos modelos que armamos a partir de nuestras representaciones son sólo eso: representaciones del mundo que no son el mundo.

Un mapa o un plano, incluso una foto aérea o satelital, no son sino una representación de determinado territorio. De la misma manera, nuestros mapas mentales son sólo la mejor representación que pudimos armar de la realidad.

Según Rafael Echeverría,

> *No sólo observamos con nuestros ojos, observamos también con nuestras distinciones, ellas nos constituyen en el tipo de observador que somos.*
>
> *Una distinción es el resultado de un acto efectuado por un observador. Al hacer una distinción, el observador separa algo de su trasfondo. Al hacerlo puede operar con ese algo como una unidad, como una entidad individual.*
>
> *El disponer de una distinción nos permite observar lo que otros no ven. Nos permite tomar acciones que otros no pueden tomar.*
>
> *No nos es posible actuar en un mundo que no somos capaces de observar.*
>
> *Las diferentes profesiones se constituyen por la capacidad de sus miembros de manejar conjuntos diferentes de distinciones. Ello es lo que les permite hacer observaciones que otros no pueden hacer e intervenir en la manera particular que caracteriza el desempeño de esa profesión.*[2]

---

2. Tomado del programa de formación de coaches dictado por Rafael Echeverría y Alicia Pizarro en México, España y EE.UU., 2000.

Para Humberto Maturana,

Al operar como observadores, hacemos distinciones en nuestro vivir. En tanto hacemos una distinción, traemos un mundo a la mano. Si distinguimos una ventana, una silla, al hacerlo operamos como observadores.

La experiencia es lo que uno distingue que le sucede; si no distingo, no es parte de mi experiencia.[3]

Modelos mentales. Cómo dificultan o facilitan la comunicación, el aprendizaje y los cambios

Los modelos mentales son imágenes, supuestos, historias que determinan nuestro modo de interpretar el mundo y nuestra manera de actuar en él. Y así como pueden impedir los cambios y el aprendizaje, también pueden auspiciarlos y acelerarlos.

Usamos los sentidos para explorar y delimitar el mundo exterior. El entorno es muy vasto y sólo podemos percibir una parte de él. Esta percepción es filtrada por nuestra experiencia única. Cada ser humano posee su modelo de experiencia determinada por su cultura, lenguaje, creencias y valores. Cada uno vive en la realidad que percibe y actúa en función de esa percepción, de acuerdo con un singular "modelo del mundo". Incorporamos los aspectos que nos interesan e ignoramos otros. Por ejemplo, si vamos a ver un espectáculo de danza en vivo, según el momento, la música, el interés, las preferencias, los conocimientos, etc., podemos elegir mirar el conjunto, o a un bailarín o bailarina o pareja en particular, o aun podemos fijar nuestra atención en planos más pequeños, como los pies, los brazos, la vestimenta de alguno o algunos del elenco, y hasta fuera de la escena, en la sala, o los espectadores. Por eso a veces nos incomoda o

---

3. Tomado de Círculos Reflexivos - Biología Cultural, seminario dictado por Maturana junto con Ximena Dávila en Buenos Aires, 2009.

irrita el mismo espectáculo filtrado por la elección del director de cámaras cuando es transmitido por televisión. ¿Qué ha sucedido? Que la pantalla nos muestra lo que desea ver otra persona, con distinta sensibilida\d, estado de ánimo, formación, valores, etc. Por eso, si estoy por comprar un auto y ya sé cuál quiero, cuando salgo a la calle voy a ver la cantidad que hay de ese modelo, que en otro momento no había percibido. Si tengo una amiga, hija o esposa embarazada, voy a ver una cantidad importante de embarazadas que en otro momento no hubiera distinguido.

Si ampliamos nuestra percepción del entorno hacemos nuestro mundo mucho más rico en posibilidades.

Creencias, intereses y percepciones muy limitadas darán como resultado un mundo limitado. Este mismo entorno puede ser productivo, creativo y poderoso; la diferencia no estriba en el mundo, sino en los filtros con los que lo percibimos y los mapas que usamos para manejarnos en él.

Suponga que tiene una cinta perforada sobre los ojos. A través de ella, algunas cosas pasan y otras no. En consecuencia, usted no ve todo lo que hay para ver. Si usted va agregando agujeritos a la cinta, ampliará los filtros y, con ello, su percepción, es decir, ingresará más información en su mapa mental, enriqueciéndolo con muchas más opciones, posibilidades y recursos. El mundo es siempre más rico que las ideas que tenemos de él. Los filtros que ponemos en nuestras percepciones determinan en qué clase de mundo vivimos.

Existen varias clases de limitantes que forman algo muy especial en nuestro cerebro: nuestro propio mundo. Bandler y Grinder[4] distinguen tres:

- neurológicas,
- sociales, e
- individuales.

---

4. Grinder, John y Bandler, Richard: *La estructura de la magia I. Op. cit.*

Limitantes neurológicas

El sistema receptor humano comprende: visión, oído, tacto, gusto y olfato. El individuo normal puede percibir únicamente una porción del proceso físico debido a las limitaciones neurológicas que están determinadas genéticamente.

Una de las causas de que nuestros modelos del mundo sean necesariamente diferentes del mundo real es que nuestro sistema nervioso distorsiona y borra trozos enteros de aquel. Nuestro sistema nervioso, inicialmente determinado en forma genética, constituye el primer conjunto de filtros para distinguir el mundo (el territorio) de nuestra representación del mundo (el mapa).

Los filtros neurológicos son los mismos para todas las personas sanas; las limitaciones neurológicas son la base común de la experiencia que compartimos como miembros de una misma especie.

Limitantes sociales

La segunda modalidad en que nuestra experiencia del mundo difiere del mundo en sí mismo, es mediante el conjunto de limitantes sociales o pautas que denominamos "factores sociogenéticos", esto es, las categorías o filtros a los cuales estamos sujetos como miembros de un sistema social: idioma, costumbres, modalidades aceptadas de percibir y convenciones.

El filtro sociogenético más comúnmente reconocido lo constituye el sistema del idioma materno y, a pesar de su fundamental importancia en la estructuración de la experiencia subjetiva, somos capaces de utilizar más de un conjunto de categorías lingüístico-sociales, filtros y pautas para organizar la experiencia.

Aunque existe una gran variedad de comunidades sociolingüísticas, los filtros sociogenéticos son los mismos para los miembros de una comunidad.

Limitantes individuales

Cada individuo tiene un conjunto de experiencias que constituyen su historia personal.

Los modelos o mapas que creamos en el proceso de vivir están basados en esas experiencias y, debido a que algunos de sus aspectos son únicos, partes de nuestro modelo del mundo serán exclusivas.

Esas diferencias garantizan que cada ser humano posea un modelo del mundo diferente del modelo de otros.

Tal como pudo comprobar en el Ejercicio N° 3, si usted compara su forma de ver con la de otra persona, comprobará que lo que usted ve, escucha y siente no es lo mismo que lo que el otro ve, escucha y siente ante la misma cosa observada. Aun cuando la comparación se realizara con alguien afín, notaría diferencias de apreciación. Cada uno es un observador distinto y existen tantos mundos como observadores hay. Haga otra prueba. En una reunión de amigos en la que todos hayan visto la misma película, pídales que cada uno la cuente en detalle. Pronto escuchará la descripción de escenas que no recuerda, e interpretaciones diferentes de las que reconoce. Es posible que termine suponiendo que se ha perdido un montón de cosas. Por cierto, lo mismo ocurre con las críticas y calificaciones: es muy difícil que dos opinen lo mismo sobre un libro, un programa o un concierto, porque cada uno lleva puesta su propia "cinta perforada". Algo muy similar sucede cuando observamos, escuchamos y sentimos los hechos de la vida cotidiana, por más "objetivos" que creamos ser. Otro ejemplo diario es la declaración que hacen al periodismo distintos testigos de un hecho: sin mentir, el portero asegura haber oído dos disparos; la vecina, un ruido como de choque¨; su marido tres tiros de arma corta... A propósito, le recomiendo enfáticamente que lea el cuento "En el bosque" de Ryunosuke Akutagawa[5] (Tokio, 1892-1927), en el que el célebre realizador cinematográfico Akira Kurosawa basó en 1950 la gran película *Rashomón*, palabra inspirada en el cuento homónimo de Akutagawa, que desde entonces en todos los idiomas define las contradictorias interpretaciones que distintos testigos hacen de un mismo hecho (el film se consigue en DVD). Se trata de una serie de testimonios acerca de un crimen: un asaltante mata a un samurai y viola a su esposa; el lector (espectador) asiste a las declaraciones de la mujer ultrajada, su madre, un leñador, un sacerdote, un policía, el propio asesino y, a través de una médium, del mismo muerto; sin embargo, queda en sus manos deducir qué sucedió en *realidad*. Resalto esta palabra, porque es obvio que el autor se propone –y lo logra– demostrar que no existe tal única realidad, sino tantas como observadores tenga.

---

5. Akutagawa, Ryunosuke: *Rashomón y otros cuentos*. Milton Editores, Buenos Aires, 1978.

El color del cristal con que se mira

De acuerdo con el tipo de observador que cada persona es, así será su forma de actuar. Siendo que sus acciones determinan sus resultados, se hace imprescindible entender qué gatilla su conducta, es decir, qué tipo de observador es y desde qué modelo mental actúa. Recuerde: cuando comience a operar estas nuevas herramientas, se dará cuenta de que los problemas, los conflictos y las posibilidades no están en el mundo, sino en su forma de observar las situaciones. Los problemas no son algo externo a su manera de ser, sino consecuencia de su manera de observarse a sí mismo y al mundo.

Representaciones internas

A lo largo de nuestra vida, debemos encarar una serie de etapas de cambio y transición. Se observa que mientras algunas personas *vivencian* el cambio como desafío, estímulo, creatividad, otras lo experimentan como etapas de dolor, sufrimiento, miedo.

La diferencia entre estos dos grupos radica en que el primero tiene un modelo amplio de la situación, con oportunidades de aprendizaje para elegir. El segundo, en cambio, tiene una representación interna limitada y reducida, sin recursos ni opciones.

Como Bandler y Grinder[6] sostienen: "La paradoja más extensa de la condición humana, que nosotros vemos, es que los procesos que nos habilitan para manipular símbolos —es decir, para crear modelos— y que nos permiten sobrevivir, crecer, cambiar y disfrutar, son los mismos que nos permiten mantener un modelo empobrecido del mundo. De modo

---

6. Grinder, John y Bandler, Richard: *Op. cit.*

que los procesos que nos permiten realizar las más extraordinarias y especialísimas actividades humanas son los mismos que bloquean nuestro crecimiento si cometemos el error de confundir el modelo con la realidad", afirmación que S. Nachmanovitch[7] completa con el pensamiento de que "Por un lado, el genio es atributo de las personas extraordinarias y, por el otro, el genio está en, y es de y para todos".

La PNL ofrece la posibilidad de hacer cambios efectivos que provienen de la capacidad de recuperar el sentido de la experiencia. Para lograrlo, es importante detectar las representaciones internas que cada persona hace de la situación: las imágenes que ve, los sonidos que aparecen y las sensaciones y emociones que se disparan. Por ejemplo: el gerente de Marketing de una empresa trajo como dificultad la inquietud de no poder dar clases, ya que cuando lo intentaba, el miedo, sudor y ahogo que experimentaba se lo impedían. En una conversación de coaching, pudimos detectar qué representaciones internas disparaban esa situación, qué creencias aparecían y cómo estas afectaban su desempeño. La representación interna que se armaba en su mente cuando comenzaba la clase era la imagen de su madre, muy grande, mirándolo fijamente y diciéndole: "Tenés que hacerlo perfecto", con un tono de voz muy imponente que vibraba en el interior de su cabeza. Veía esta imagen en los ojos de los espectadores. Modificando dichas representaciones internas, en dos encuentros más pudimos resolverlo. Otro ejemplo: una persona que, atemorizada por la situación de inseguridad que vivimos, cuando sale de su casa, arma en su mente una representación interna en la que se ve siendo atacada. Esto dispara una emoción de miedo y hasta fobia cada vez que tiene que salir. ¿Alguna vez le pasó algo parecido? Una de las ventajas más importantes de la PNL aplicada al ámbito terapéutico es la remisión de fobias. Su efectividad se debe

---

7. Extraído de www.freeplay.com, en español.

a que interviene directamente sobre las representaciones internas de las personas.

En mi formación en PNL en Europa, los instructores de los Estados Unidos nos contaron la siguiente anécdota, sucedida en California, cuna de la PNL: tiempo atrás, había ocurrido un terremoto durante el cual el puente Golden Gate que une San Francisco con Sausalito había sufrido roturas, y algunos autos habían caído al agua. Muchas personas comenzaron a tener fobia a cruzar puentes, especialmente este, aunque había sido restaurado. Los terapeutas que vivían en Sausalito detectaron que la mayoría de quienes tenían esa dificultad, cuando iban a cruzar, armaban una representación en la que se veían a sí mismos cayendo. Algunas de esas imágenes tenían que ver con las que se veían en la televisión o con relatos que se escuchaban por radio. Al poco tiempo, aparecieron en las puertas de las casas pequeños carteles con la leyenda: "Se curan fobias con PNL".

Quienes ven posibilidades en la vida, disfrutan de ella, están más presentes en el aquí y ahora, no se sienten limitados o contaminados por los filtros de lo que deberían o esperan experimentar: se liberan de esas ideas que bloquean o distorsionan su experiencia del mundo. A partir de la magia del lenguaje, ayudamos a las personas a enriquecer sus perspectivas y sus mapas del mundo y a tener una mayor conexión con lo que experimentan; los ayudamos a reencuadrar las percepciones en relación con la experiencia para encontrar nuevas formas de observar la situación.

El lenguaje en el modelo mental

Robert Dilts[8] afirma que el lenguaje es parte fundamental en la construcción de nuestros modelos mentales y ejerce

---

8. Dilts, Robert: *El poder de la palabra.* Urano, Barcelona, 2003.

una importante influencia sobre la forma en que percibimos la realidad y respondemos a ella. En dicha obra, cita al gran psiquiatra Sigmund Freud: "Palabras y Magia fueron al principio una y la misma cosa, incluso hoy las palabras siguen reteniendo gran parte de su poder mágico. Con ellas podemos darnos unos a otros la mayor felicidad o la más grande de las desesperaciones, con ellas imparte el maestro sus enseñanzas a sus discípulos, con ellas arrastra el orador a quienes le escuchan, determinando sus juicios y sus decisiones. Las palabras apelan a las emociones y constituyen, de forma universal, el medio a través del cual influimos sobre nuestros congéneres".

El poder mágico del lenguaje puede generar cambios extraordinarios, tanto en la manera de percibir de las personas como en sus supuestos, juicios y creencias.

Prosigue Dilts: "Las palabras no sólo representan nuestra experiencia sino que a menudo la encuadran". En el caso, por ejemplo, de las palabras conectivas como "pero", "y" o "aunque", según cuál de ellas usemos, estaremos enfocando nuestra atención hacia distintos aspectos de una situación:

"Deseo alcanzar mi objetivo **pero** tengo un problema."
"Deseo alcanzar mi objetivo **y** tengo un problema."
"Deseo alcanzar mi objetivo **aunque** tengo un problema."

En la primera expresión, estamos haciendo foco en el problema: el "pero" anula lo anterior. En la segunda, el resultado queda equilibrado. En la tercera, hacemos foco en el objetivo, dejando el problema en segundo término. Estos patrones influyen en la forma habitual de pensar, interpretar y responder. Otro ejemplo:

"Hoy me siento capaz **pero** no sé si me durará."
"Hoy me siento capaz **y** no sé si me durará."

"Hoy me siento capaz **aunque** no sé si me durará."

Las palabras que conectan las proposiciones y el orden del enunciado les confieren significados diferentes. Si quiero reencuadrar la situación e invierto los términos: "Aunque no sé si me durará, hoy me siento capaz", expreso una creencia que me afirma y me potencia. Estas herramientas lingüísticas ayudan a influir en el significado que percibimos como resultado de una experiencia.

Ejercicio N° 4. Reencuadre de situaciones[9]

La sencilla prueba que sigue es, de acuerdo con Dilts, una "técnica poderosa en el caso de personas adictas al patrón 'Sí, pero…'".

1. Identifique alguna afirmación en la que una experiencia positiva quede perjudicada por la palabra "pero". Ejemplo:
   "He encontrado una solución a mi problema, pero seguro que volverá a surgir."

2. Cambie la palabra "pero" por "aunque". Observe hacia dónde se desplaza su atención. Ejemplo:
   "He encontrado una solución a mi problema, aunque vuelva a surgir."

Re-significar puede ser re-solver

Sobre la base del ejercicio anterior, advierta la importancia de observar nuestro pensamiento y reordenar lo que nos decimos para mejorar nuestra calidad de vida.

---

9. Basado en Dilts, R.: *Op. cit.*

Desde el coaching, la resignificación de las dificultades que plantea el cliente permite achicar la brecha entre el estado presente y el estado deseado. Detectar las representaciones internas de las limitaciones que el cliente plantea nos permite hacer cambios de percepción en cualquiera de los canales de representación sensorial, con resultados rápidos y excelentes.

CAPÍTULO 3

MODELO PARA EL CAMBIO

Una guía fundamental para el cambio es el modelo que presento a continuación, que he aprendido en los programas de formación de Newfield Consulting, del Dr. Rafael Echeverría y Alicia Pizarro.

Modelo del observador, acción y resultado

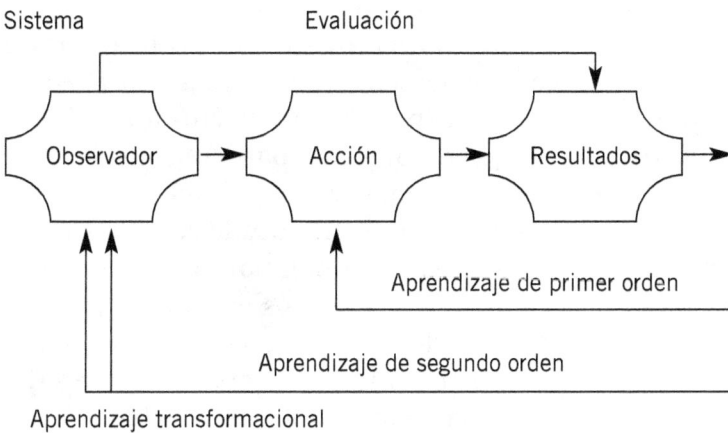

Como hemos explicado, existe una relación directa entre nuestra forma de observar el mundo, las acciones que emprendemos y los resultados que obtenemos.

Cuando evaluamos que el resultado no es el esperado, lo que tendemos a cambiar primero son las acciones para alcanzar uno distinto. Efectivamente, agregando algunas acciones y reemplazando otras, obtenemos un resultado diferente. Llamamos a este proceso *Aprendizaje de primer orden*. Este se orienta a expandir nuestra capacidad de acción. Aunque a veces esto es suficiente para modificar el resultado, otras veces, el cambio de acciones puede no cambiarlo, ya que lo que se produce es más de lo mismo. En este caso, hay que modificar la manera de observar la situación.

Si yo cambio el observador, las acciones van a ser diferentes, y la mínima acción que yo haga va a producir un resultado extraordinario. Llamamos a este *Aprendizaje de segundo orden,* que procura incorporar nuevas distinciones que provoquen un cambio en el observador, a partir de los nuevos aprendizajes alcanzados. Si usted desea lograr resultados distintos, siendo un observador diferente, logrará ver nuevas oportunidades, permitiéndose una expansión de sus percepciones y su modo de pensar y actuar. En este segundo orden de aprendizaje existe aún un nivel más profundo de cambio, que llamamos *Aprendizaje transformacional* que tiene que ver con la posibilidad de entrar en el núcleo del observador, la forma propia y particular de ser y estar de cada individuo: creencias, valores, juicios, emociones, etc., el modo de ser que se formó desde su cultura, su entorno social y su historia personal. Somos el resultado de eso y vemos, escuchamos y sentimos el mundo a partir de ese bagaje aprendido y, desde allí, intervenimos y actuamos. Este aprendizaje, que modifica a la persona a través de un cambio en su particular manera de ser, muchas veces modifica el sentido más profundo de nuestra vida. El coaching no siempre nos conduce a este aprendizaje; ello dependerá de la intervención a la que apunte el coach con la aceptación del cliente. Para que esta transformación del observador sea perdurable en el tiempo, necesitará estar acompañada de la transformación del sistema.

Descubriendo nuevos observadores

Les quiero contar la experiencia que viví en 2001. La crisis económica y política que sacudió entonces a la Argentina y culminó en diciembre de ese año con un estallido social y la renuncia del presidente de la Nación[1] nos enfrentó con nuevas situaciones para las cuales nuestra habitual manera de ser y hacer de pronto resultaba inútil. En ese contexto de incertidumbre y falta de confianza, nos fue fácil sumergirnos en estados emocionales de rabia, tristeza y desesperanza y mantener conversaciones internas en las cuales nos decíamos, en estos o términos similares: "No se puede más, se acabó todo, no hay nada por hacer, no hay trabajo, no hay posibilidades, siempre es lo mismo en este país, hay que irse de aquí". Con esta postura, ¿qué podíamos ver de nuevo? ¿Qué tipo de observadores éramos, si seguíamos

---

1. Debido a la creciente fuga de capitales, hacia finales de 2001, el gobierno de Fernando de la Rúa confiscó los depósitos bancarios. Esta medida, conocida popularmente como "corralito", provocó el descontento de la ciudadanía. A medida que avanzaban los días, crecían las protestas callejeras y se tornaban cada vez más violentas; hubo saqueos, represión y muertos. Ante el desborde, el gobierno decidió declarar el estado de sitio, lo que exacerbó el malestar popular. Perdido todo poder y apoyo, De la Rúa renunció a su cargo el 20 de diciembre. A la crisis económica se sumó la política, y el país quedó la deriva. Entre el 23 de diciembre y el 1 de enero de 2002 se sucedieron cuatro presidentes (Ramón Puerta, Adolfo Rodríguez Saá, Eduardo Camaño y Eduardo Duhalde), en medio de un caos ingobernable. Luego vendrían la salida de la convertibilidad (paridad $1 = u$s1, que rigió la economía nacional por diez años), la pesificaciòn de los depósitos en dólares y la pesificaciòn asimétrica de las deudas. El reclamo más popular de esos tiempos era: "Que se vayan todos" (los funcionarios de los tres poderes del Estado).

mirando la situación como lo hacíamos? ¿Qué posibilidades se abrían o se cerraban desde este lugar? Al hablarnos así, estábamos perdidos.[2]

Yo estaba, como la mayoría de los argentinos, sumida en un estado de ira, resentimiento y resignación. Paralizada, veía que muchas personas cerraban sus empresas y negocios, mientras otros decidían irse a vivir al extranjero. Con ese panorama, me preguntaba cómo podía seguir adelante con mi Escuela Argentina de PNL y Coaching y toda la gente que trabajaba en ella. Un día, me detuve y reflexioné. Las emociones y los estados de ánimo son contagiosos. No somos responsables de contaminarnos, pero sí lo somos de salir de ellos. Me permití entonces cambiar la forma de observar la situación, basándome en el ya muy conocido "crisis = oportunidad". La sabiduría china entiende que las épocas de crisis son también adecuadas para el crecimiento personal, y que se abren nuevas y más amplias posibilidades de desarrollo si se busca la oportunidad.[3]

Cuando empecé a preguntarme qué oportunidades podría haber en estas circunstancias, cambió mi juicio acerca de los hechos, y distinguí claramente que había otros caminos y nuevos nichos en el mercado que podían convertirse en salidas laborales para muchos.

Eso fue decisivo para mí, ya que se me ocurrieron posibilidades que hasta ese momento no veía. Hoy, felizmente, puedo decir que fueron los mejores años para mi institución. ¿Qué hice yo? En medio de la crisis, cambié el observador que era a partir de esta nueva creencia. Ello me permitió conectarme con una forma diferente de ver la situación.

El primer paso para salir de ese estado negativo fue aceptar que así era el contexto en el que me encontraba y elegía

---

2. Ver Capítulo 13, "La crisis de 2009".
3. www.librosbudistas.com

vivir, y que el cambio sólo era posible si yo cambiaba el observador que era.

Históricamente, los momentos de crisis en mi vida resultaron de mucho crecimiento tanto en lo personal como en el desarrollo de la institución que dirijo.

Este mundo requiere personas flexibles, dispuestas a desaprender y a reaprender, a desestructurarse y reestructurarse. Somos nosotros los que tenemos que ver y atrapar las oportunidades. ¿Sabe por qué se dice que "A la oportunidad la pintan calva"? La frase alude a una diosa de la mitología griega, llamada Oportunidad, cuya característica saliente era una calvicie casi total, a excepción de un mechón de largos cabellos; la tradición relata que solía pasearse a altas velocidades, y la única posibilidad de atraparla era sujetarla de ese pelo, pero, para lograrlo, no sólo había que ser rápido y certero, sino también vislumbrarla anticipadamente y prepararse para interceptarla. Una historia aleccionadora, ¿no cree?

Frente a la crisis desatada a nivel mundial en 2008, vuelvo a buscar las oportunidades que me permitan crecer y ayudar a más personas a encontrar posibilidades de mejorar su calidad de vida.

Si nos instalamos en la queja y tomamos el rol de la víctima, esperando que el cambio lo produzcan otros, no podremos salir del círculo vicioso. Por el contrario, nos quedamos sin recursos y siempre en el mismo lugar. No podemos esperar que nos ofrezcan una vida segura. Debemos decidir qué tipo de vida queremos llevar, salir al mundo y hacer que suceda.

No por casualidad en medio de la crisis argentina mencionada, algunos de los que resolvieron mejor su desarrollo comercial –o al menos en forma rápida y muy evidente– fueron los diseñadores jóvenes. Libres de las historias y creencias del pasado, con su creativa manera de observar el mundo y ante la abrupta interrupción del ingreso al país de artículos importados y la dificultad de viajar para comprarlos, como se venía haciendo, fácilmente encontraron nichos en el mercado. Se convirtieron entonces en una red de emprendedores, con pequeñas empresas de producción de sus propios diseños. Hoy, esta red no solamente acapara el mercado local, sino que exporta a todo el mundo. Lo que sucedió es que, en vez de quejarse de que no había posibilidades, vieron venir la oportunidad y, en lugar de quedarse contemplando con desazón la parte lampiña de su cabeza, se apresuraron a identificar y sujetarla de su escurridizo mechón, con lo que lograron resultados impensables para ese momento. Eso es un cambio de observador.

"Los emprendedores son los nuevos alquimistas, son dedicados y apasionados, diferentes y decididos a marcar una diferencia", sostiene Charles Handy[4]. En efecto, avanza el que puede mirar las situaciones de forma diferente porque los recursos están allí para quien quiera tomarlos y sólo hay que estar preparado para descubrirlos y captarlos. Las dificultades no están en el mundo ni en el entorno, sino en nuestra forma de ver la situación. Cuando usted cambia, abre su modelo mental, transforma su manera de mirar el mundo y, a partir de ahí, desarrolla nuevas acciones que lo llevan a resultados extraordinarios.

De acuerdo con Kevin Kelly[5], "Lo que la gran asimetría va acumulando no es dinero, ni energía, ni cosas materiales. El origen de la riqueza económica está en las oportunidades. De cada oportunidad aprovechada, surgen por lo menos dos nuevas oportunidades. Tanto las oportunidades como las ideas, se van creando combinatoriamente del mismo modo que las palabras. (…) Cada oportunidad lleva implícita una conexión. A medida que vamos conectando

---

4. Citado en Diamante, Hugo: *Educación para el tercer milenio. Op. cit.*
5. Citado en Diamante, Hugo: Ibídem.

más y más aspectos del mundo, formando nodos de una red, formamos más miles de millones de componentes en el gran juego combinatorio. El número de posibilidades explota". Y reflexiona: "Las redes aceleran la transmisión de oportunidades que surgen y las innovaciones que se crean, que son diseminadas a todos los puntos de la red y del planeta, invitando a la creación de más oportunidades a partir de ellas".

Como dijimos, si las dificultades o conflictos están en su punto de vista, un cambio en la manera de observar la situación ayuda a disolverlos.

Sabemos muy bien que los hechos de la historia no se pueden modificar, sin embargo sí podemos cambiar la interpretación que hacemos de ellos.

Ejercicio Nº 5. El observador y los cambios de enfoque

Este es un ejercicio simple que puede utilizar en cualquier momento que lo necesite. Busque una situación real de su vida laboral que sea recurrente, en la que no esté pudiendo alcanzar los resultados deseados.

Reflexione

¿Hay otras formas de observar la situación? ¿Cuáles?

1. Imagine que usted es un observador externo. ¿Cómo la ve? ¿Qué dice sobre ella?
2. Imagine que usted es un asesor, consultor, o compañero de trabajo. ¿Cómo ve la situación? ¿Qué dice sobre ella?
3. Imagine que han transcurrido tres años y usted ha logrado alcanzar los resultados deseados. ¿Cómo se ve? ¿Qué se dice? ¿Cómo lo hizo? ¿Qué se aconseja a sí

mismo? (Para las actividades 2 y 3 puede pedir efectivamente a un tercero que lo ayude a visualizarse desde fuera).

¿De qué se dio cuenta haciendo este ejercicio? ¿Pudo encontrar otras maneras de percibir la situación?

Anote sus respuestas, porque si no logró cambiar su punto de vista los próximos ejercicios le ofrecerán recursos para hacerlo, y entonces podrá comparar los resultados. Si lo consiguió, registre si hubo un cambio en su emocionalidad y qué nuevos recursos aparecen.

Herramientas para el cambio de observador

Estas herramientas pueden utilizarse para cambiar los estados internos que caracterizan el tipo de observador que la persona es. Se pueden aplicar a uno mismo, o lo puede hacer el coach con su cliente.

Posiciones perceptuales

Las posiciones perceptuales nos permiten cambiar el observador que somos. Con ellas podemos llegar a descubrir distintas maneras de observar los hechos que nos ocurren en la vida.

Asociarse y disociarse

A fin de experimentar otros puntos de vista sobre un determinado hecho, podemos asociarnos o disociarnos de él.

Estar *asociado* significa estar dentro de la experiencia –recordada, presente o imaginada en futuro– y sentir las sensaciones y emociones como si estuviéramos viviendo la situación ahora, como protagonistas.

Estar *disociado* significa estar fuera de la experiencia, viéndonos a nosotros mismos como en una película desde el asiento del espectador, sin las emociones y sensaciones correspondientes a la situación.

Para Richard Bandler[6], la situación ideal es asociarse a los recuerdos agradables, de modo de gozar fácilmente de todos los sentimientos positivos que van con ello y, al mismo tiempo, disociarse de los recuerdos desagradables. Esta disociación permite estar fuera de la situación sin las "sensaciones" de la misma.

"¿Para qué sentirse mal de nuevo? ¿No basta con sentirse mal una vez?"

Muchas personas hacen todo lo contrario, es decir, se asocian a los recuerdos desagradables, mientras que mantienen sus experiencias placenteras como imágenes vagas, distantes. Cada vez que recuerdan, traen sensaciones y emociones displacenteras. Estas personas tienen pensamientos negativos recurrentes y no pueden registrar las cosas positivas que les suceden.

Y, por supuesto, están las otras dos posibilidades:

- algunas personas tienden a disociarse de todo; ven la vida pasar delante de ellas, les cuesta involucrarse con las experiencias de su vida; es posible enseñarles a asociarse cuando lo deseen y a establecer alguna conexión emocional con su experiencia;
- otras, en cambio, tienden a asociarse siempre, sintiendo inmediatamente todo lo que sintieron en las experiencias pasadas o presentes; muchos de los problemas que tienen pueden evitarse enseñándoles a disociarse en los momentos apropiados: "Enseñar a alguien cómo y cuándo disociarse es una de las maneras más profundas de cambiar la calidad de la experien-

6. Bandler, Richard: *Use su cabeza para variar.* Editorial Cuatro Vientos, Santiago de Chile, 1988.

cia de una persona y la conducta que resulte de ella. La disociación es especialmente útil para recuerdos intensamente desagradables".[7]

Tenemos una mejor calidad de vida cuando experimentamos *las situaciones agradables en forma asociada* de manera tal de poder gozar de todas las emociones y sentimientos placenteros derivados de ellas, y las *situaciones desagradables en forma disociada,* sin las sensaciones y la emoción que las acompañan.

¿Conoce la película *La rosa púrpura de El Cairo,* en la que Woody Allen entra y sale de la pantalla? Cuando evocamos de manera asociada nos metemos en la escena, actuamos, estamos presentes allí y revivimos emociones, recuperamos las sensaciones y la corporalidad que teníamos en aquel momento.

Los seres humanos tenemos la posibilidad de "jugar" con los "ojos de la mente" e imaginarnos que estamos viéndonos a nosotros mismos en una situación del pasado como si fuera una película (disociados), o bien, podemos jugar a que nos metemos en la película y la revivimos como si nos estuviera sucediendo nuevamente (asociados).

Ejercicio Nº 6. Disociación para cambiar las emociones negativas

En el caso de que usted esté asociado a alguna situación desagradable y quiera cambiar su percepción, arme una imagen y proyéctela fuera usted, en una pantalla imaginaria, en la que se vea experimentando esa situación. Note el cambio inmediato del observador. Registre el alivio emocional que produce este cambio de perspectiva.

---

7. Ibídem.

Tome nota de la experiencia en su espacio de trabajo.

El coach puede hacer este ejercicio con su cliente guiándolo para que se disocie de esos recuerdos y cambie su emocionalidad.

Esta técnica es muy poderosa y puede ser usada también para la remisión de miedos, etc. En estos casos, se proyecta la escena como en una película.

1. Imagine ahora que tiene un control remoto en su mano.
2. Mueva la película a la escena anterior a la aparición del conflicto, y véase a sí mismo en un estado interno diferente.
3. Ahora, mueva la película hacia adelante con la tecla fwd o > de su control remoto, hasta la escena inmediatamente posterior al conflicto.
4. Luego, vaya hacia atrás con la tecla rwnd o <, retrocediendo rápidamente la película hasta el inicio.
5. Haga este proceso varias veces, cada vez a mayor velocidad hasta que registre un cambio en sus sensaciones y emociones.

¿Qué resultados obtuvo? Registre la experiencia en su espacio de trabajo.

Ejercicio N° 7. Asociación: reforzando emociones positivas

Si usted quiere recuperar las sensaciones y emociones de una experiencia positiva, conéctese con ella y deje que la imagen que la representa aparezca.

1. Entre en ella como si la estuviera viviendo en este momento. Cierre los ojos para que esta experiencia sea más intensa.

2. Adopte la postura corporal que tenía en ese momento.
3. Registre la sensación de estar viviéndola. Habite el lugar: ¿cómo es? ¿Quién o quiénes están con usted? ¿Qué se dice internamente? ¿Qué le dicen los demás? Conéctese con la emocionalidad que tiene ahora. ¿Qué sensaciones aparecen en su cuerpo?
4. Con esta vivencia, abra los ojos, y traiga esa emoción a su presente.

Tome nota de los resultados.
El coach puede guiar en este proceso a su cliente.

Revisando las experiencias del día

Otro ejercicio interesante para hacer a la noche, cuando estamos a solas con nosotros mismos, es recordar todo lo que nos ocurrió durante el día y registrar en qué situaciones estamos asociados o disociados de emociones positivas y negativas. Si estamos asociados a situaciones negativas y todavía tenemos la emocionalidad que se disparó en el momento en que ocurrieron, es importante que nos disociemos, y que dejemos nuestras emociones en la pantalla. Esto nos dará la posibilidad de considerar qué podemos aprender de lo ocurrido. Si, en cambio, estamos disociados de lo positivo, necesitaremos revivir la situación como lo hicimos en el ejercicio anterior; esto nos permitirá observar lo sucedido desde distintos puntos de vista, encontrar diferentes interpretaciones, y la opción de retener las emociones positivas.

Hasta aquí hemos explorado dos perspectivas del pensamiento: *asociación* y *disociación*. Empleando ambas de manera adecuada, se pueden introducir cambios en la vida de una persona. Existe una tercera posibilidad, que también es capaz de mejorar la calidad de vida.

Primera, segunda y tercera posiciones

Las distintas ubicaciones en el espacio son otra posibilidad para cambiar el observador que estamos siendo en determinados momentos.

La relación espacial entre las personas influye de una manera no verbal tanto en ellas como en la interacción. Es importante plantear cómo la ubicación en el espacio ejerce una influencia física y emocional sobre la percepción y las interacciones. Por ejemplo: si tengo un conflicto con alguien y quiero resolverlo, pasar por diferentes posiciones en el espacio: el lugar donde estoy, el lugar del otro, o mirar desde afuera me permite obtener una nueva información.

Las situaciones pueden experimentarse desde varios puntos de vista: el propio (**primera posición**, en mis propios zapatos, lo que me pasa a mí); el del interlocutor (**segunda posición**, en los zapatos de la otra persona, lo que le pasa al otro); y el de un observador externo (**tercera posición**, mirando a ambos desde fuera, informado pero no involucrado). Recorriendo o adoptando cada una de estas posiciones en el espacio, se producen otros tantos cambios de percepción.

Primera posición de percepción

Me ubico aquí y ahora, en mi propia piel. Veo las cosas a través de mis ojos y oigo con mis propios oídos. Estoy en contacto con mi emocionalidad. Estoy asociado a la situación que estoy viviendo.

Segunda posición de percepción

Me pongo en el lugar de mi interlocutor. Dentro de su piel, miro a través de sus ojos, escucho con sus oídos, siento lo que siente y extraigo de todo ello las conclusiones que yo extraería si fuera él. En este caso, estoy asociado al otro.

Tercera posición de percepción

Me sitúo imaginariamente a una distancia equidistante de mí mismo (primera posición) y de mi interlocutor (segunda posición), y observo lo que sucede. Conozco –por haberlas experimentado– cuáles son las percepciones y las interpretaciones de los protagonistas, pero no doy ni quito razón a ninguno. Tengo mi propia idea sobre la situación, y no albergo sentimientos al respecto. De esta manera, puedo rescatar información y hacer una reflexión neutral, sin ningún interés personal. Estoy disociado.

Cuando una persona describe un conflicto personal o laboral con otra, cree que la historia que cuenta, es decir, "su" interpretación de lo que ocurre, es justa y verdadera. En su interior, tiene lugar una conversación privada que lo atrapa y de la que no puede salir; está en primera posición, y la emocionalidad que lo invade no le permite plantearse un punto de vista diferente. El coach sabe que mover a esa persona en el espacio, para llevarla a ponerse "en los zapatos del otro" (segunda posición), va a abrir la posibilidad de detectar cómo piensa y siente la otra persona, obtener información acerca de qué le pasa al otro y para qué hace lo que hace.

Al volverse un observador distinto, dispondrá de nueva información, nuevas interpretaciones, nuevas historias, que seguramente le permitirán comprender el punto de vista del otro, detectar cómo lo ve esa persona y percibir el campo relacional de ambos. Esto produce un cambio en la percepción, en la emoción, que permite comprender y aceptar que el otro es diferente, legitimarlo y, a la vez, darse cuenta de que tiene ideas distintas de las que se le habían adjudicado.

Si el coach mueve al cliente a la tercera posición, en la que se vea a sí mismo y al otro desde afuera, concebirá una nueva percepción acerca del vínculo entre ambos.

Recuerdo una situación en la que yo estaba muy enojada con otra persona; me sentía víctima de su manipulación; me veía pequeña e indefensa. Al hacer el ejercicio, me puse en los zapatos de ella y comencé a percibir que, al mirar desde sus ojos, ella me veía a mí mucho más grande e imponente que lo que en realidad soy. Desde la tercera posición pude ver la manera de relacionarnos, y obtuve información muy rica que produjo un cambio en mi manera de entender su comportamiento.

Muchas veces, en una conversación de coaching, ocurre que el cliente queda atrapado en su propia historia. Si el coach lo ubica en tercera posición, mirándose a sí mismo, el cliente podrá ver nuevos caminos que lo saquen de ese círculo vicioso. Esto también es útil para disociarlo de emociones, para ayudarlo a entender qué le está pasando y encontrar alternativas.

Este ejercicio también puede hacerlo consigo mismo cuando tenga un conflicto. Le permitirá modificar sus emociones y el tipo de observador que está siendo en ese momento.

Ejercicio N° 8. Transitando las distintas posiciones

En coaching, este ejercicio es una excelente herramienta para facilitar en casos de conflictos vinculares. También puede hacerlo consigo mismo cuando necesite modificar el observador que está siendo respecto de una situación determinada.

1. Piense en un conflicto que tenga con alguna persona (pareja, padre, socio, cliente, alumno, hijo, etc.).

2. Haga una representación de las tres posiciones de la siguiente manera: elija un lugar en el espacio que lo represente a usted mismo (primera posición), y coloque una silla. Luego, coloque otra silla en el espacio donde usted ubicaría a la persona con quien tiene el conflicto (el otro) (segunda posición). Por último, elija un lugar equidistante de ambas sillas que represente a un observador neutral (tercera posición).

3. Siéntese en la silla que lo representa a usted, la primera posición, asociado a usted mismo, conectándose con las conversaciones, sensaciones y emociones que le produce el conflicto.

4. Luego, póngase de pie y, disociándose de usted mismo, imagine que queda en su silla. Chequee que puede verse a sí mismo en el lugar de la primera posición.

5. A continuación, ocupe la silla en la que usted colocó imaginariamente a la otra persona, segunda posición. Adopte la postura corporal de ella y asociándose, registre qué emociones experimenta ella, qué sensación le produce la situación conflictiva y cómo esta persona la vive. Véase a usted mismo a través de los ojos de ella y registre cómo se ve.

6. Ahora, póngase de pie y, disociándose del otro, imagine que este quedó en la segunda silla. Chequee que puede ver al otro en el lugar de la segunda posición.

7. Ocupe el lugar elegido que representa la tercera posición asociándose a ese observador neutral no involucrado. Desde esta nueva posición, observe la situación y a las personas involucradas (primera y segunda posiciones) y reflexione acerca de qué se da cuenta con respecto a ambos y al conflicto.

8. Vuelva a la primera posición, siéntese en su silla y registre el aprendizaje realizado.

Tome nota de la experiencia en su espacio de trabajo.

Algunas veces sucede que, después de una conversación de coaching, los coaches necesitamos salir de determinados estados emocionales y darnos cuenta de qué nos está pasando, en qué nos quedamos enganchados. Además, hay circunstancias particulares en nuestra vida cotidiana en las que nos gustaría utilizar alguna técnica que nos ayude a cambiar el observador rápidamente.

Integrando distintas formaciones realizadas a lo largo de mi trayectoria, diseñé el siguiente ejercicio autoasistencial de alto impacto, ya que utilizando el movimiento del cuerpo en el espacio, el movimiento de los ojos y una tercera posición disociada, se introduce una nueva percepción, una conexión directa con nuestro centro. A través de ella se obtiene nueva información, se cambian las emociones y se obtienen recursos hasta ese momento inaccesibles.

Ejercicio N° 9. Descubriendo mi estado interno

1. Elija una situación, emoción, comportamiento, etc. conflictivo sobre el que quiera trabajar.
2. Ubique una silla en el espacio que lo represente a usted mismo.
3. Siéntese allí y conéctese con la dificultad. Analice qué le ocurre, cuál es su emocionalidad, su corporalidad y registre su conversación interna.
4. Póngase de pie, imaginando que usted se ha quedado sentado en esa silla (tercera posición). Comience a girar alrededor suyo. Mirándose a usted mismo, pregúntese qué le está ocurriendo y qué emociones tiene.
5. Mientras continúa observándose, acérquese y aléjese de usted. Detecte qué información nueva aparece. Mirándose desde atrás, arriba, abajo, de ambos lados, siga atento a la nueva información que va recibiendo. Luego, siga caminando lentamente, como lo está ha-

ciendo, rotando alrededor de la silla en la que imaginariamente sigue sentado. Estos movimientos en el espacio disparan diferentes percepciones y permiten tomar conciencia de aspectos no considerados hasta el momento, recursos y acciones a ejecutar. En la mayoría de los casos, se resuelve el conflicto.

6. Una vez que esto ocurrió, acérquese a usted mismo, allí sentado en la silla, e imagine que toca sus hombros, que pone las manos en su cabeza, en la espalda... Agradezca entonces lo que pudo lograr.

7. Ocupe la silla nuevamente y reciba con gratitud esta nueva posibilidad que se dio (va a experimentar en su cuerpo lo que acaba de entregarse).

Registre la experiencia en su espacio de trabajo.

Este ejercicio que yo diseñé para nuestro programa de coaching, resulta una herramienta magnífica para los alumnos que, tras ponerla en práctica, comentan cosas como: "Es el coaching más fuerte que viví", "Es muy profundo y poderoso", "Nunca me había dado cuenta de lo que vi hoy", etcétera.

Observando al observador

Dominios primarios

Tres son las áreas primarias que Rafael Echeverría[8] distingue en el proceso de comprensión del fenómeno humano: corporalidad, lenguaje y emocionalidad.

Estos dominios establecen entre sí una relación de coherencia e interdependencia, ya que lo que ocurre en uno de ellos condiciona lo que va a suceder en los otros dos. Una

---

8. Tomado del programa de formación de coaches de Newfield Consulting dictado por Rafael Echeverría y Alicia Pizarro, México, España y EE.UU., 2000.

nueva emoción puede modificar lo que pensamos y decimos (lenguaje) e influir en nuestro cuerpo, por ejemplo,
con cambios en la postura y/o en los mensajes químicos.

A la inversa, un cambio en la postura corporal, por ejemplo ponerse derecho con la cabeza erguida o salir a caminar
o hacer algún deporte, cambia el estado emocional y, por
lo tanto, lo que pensamos y decimos.

A su vez, si lo que me digo me está limitando –"No
puedo", "Estoy cansado", "Es difícil"–, este lenguaje disparará
en mí una emocionalidad y una corporalidad que tienen que
ver con esa limitación, e impedirá efectivamente la acción.

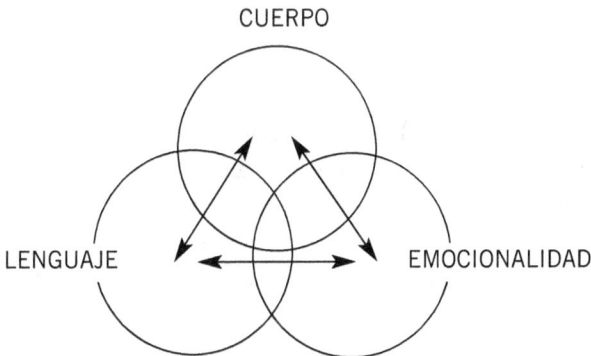

Tomado del material de formación de coaches de Newfield Consulting.

Si hablamos del **cuerpo**, sólo podemos observar y hacer
lo que nuestra biología nos permite. Nos referimos también
a nuestras posturas y gestos.

Con respecto al **lenguaje**, desde la ontología se plantea
que es, por sobre todo, lo que hace de los seres humanos el
tipo particular de seres que somos, seres lingüísticos que vivimos en el lenguaje. Como tales, necesitamos dar sentido
a nuestras vidas y lo hacemos contando historias. Si reconoce los tres dominios primarios como esenciales para comprender el fenómeno humano, ¿por qué, entonces, esta disciplina plantea en sus postulados la prioridad del lenguaje?

Porque a través de él podemos reconocer la existencia de los otros dos, que no son verbales. Para referirnos a ellos usamos inevitablemente el lenguaje.

Las **emociones** nos predisponen para observar y actuar de diferentes maneras. Tiñen nuestra forma de percibir el mundo.

Para Humberto Maturana[9], "Los seres humanos vivimos un tipo especial de emocionar que tiene que ver con nuestro vivir en el lenguajear, con nuestro sistema nervioso, con lo particular de nuestra corporalidad y con nuestro modo de relacionarnos. Así, en nosotros, el emocionar tiene que ver con lo que hacemos en tanto seres que viven en un mundo de cosas, de ideas, de tú y yo, de entes que surgen en el lenguaje, y donde las relaciones humanas se viven en el fluir de un continuo conversar que implica o puede implicar todas las dimensiones de la corporalidad en muchos espacios relacionales distintos que sólo existen en el lenguajear".

El coach sabe que si interviene en cualquiera de estos dominios, produce un cambio en los otros. Cuando trabaja sobre las contradicciones que se manifiestan en ellos, ayuda al cliente a armar la estructura de coherencia que le permita ser la persona que quiere ser.

Para demostrarlo, lo invito a hacer un pequeño ejercicio.

Ejercicio N° 10. La congruencia entre los tres dominios

Póngase de pie, con los hombros relajados, los brazos sueltos y la cabeza hacia abajo. Registre qué tipo de pensamientos y qué emocionalidad aparecen. Tómese un tiempo para recapacitar. Ahora, cambie su postura: enderece la columna, eche los hombros hacia atrás, levante la cabeza y

---

9. Maturana, Humberto y Bloch, Susana: *Biología del emocionar y Alba Emoting, respiración y emoción.* Dolmen/Granica, Santiago de Chile, 1998.

mire al frente. Registre qué tipo de pensamientos y qué emocionalidad aparecen esta vez. Observe cómo el pensamiento, el lenguaje y las emociones se modifican a partir de un cambio en la postura corporal. Reflexione: ¿cuánto tiempo le llevó cambiar el pensamiento y la emoción? Seguramente, segundos… Cuando guío este ejercicio en mis clases, en la primera postura, las personas manifiestan pensamientos y emociones de cansancio, relajación, agobio, desgano, etc. En la segunda, refieren emociones de fuerza, seguridad y pensamientos como "yo puedo", "es posible", "quiero ir a la acción ahora", etc. Anote en su libreta o su archivo estas modificaciones para tener en cuenta cada vez que tenga alguna entrevista o presentación.

De la misma manera, producimos cambios interviniendo en los otros dos dominios.

Si, debido a un determinado estímulo, cambio la emoción, mi cuerpo y mi pensamiento van a cambiar de acuerdo con esa nueva emoción. De la misma manera, si aparece en mi pensamiento una palabra de posibilidad, la emoción que surge tiene que ver con ese pensamiento y afectará la corporalidad. Puede ser que mi postura cambie, que aparezca una sonrisa, que cambie el color de mi piel, etcétera.

CAPÍTULO 4

APRENDER A COMUNICARNOS EFECTIVAMENTE

Sistemas de representación sensorial

Cómo se accede a la información y se procesa

Mapa mental

filtros

escucho

veo
huelo
gusto

toco

siento
sensación — emoción

territorio
Entorno
Contexto

M.

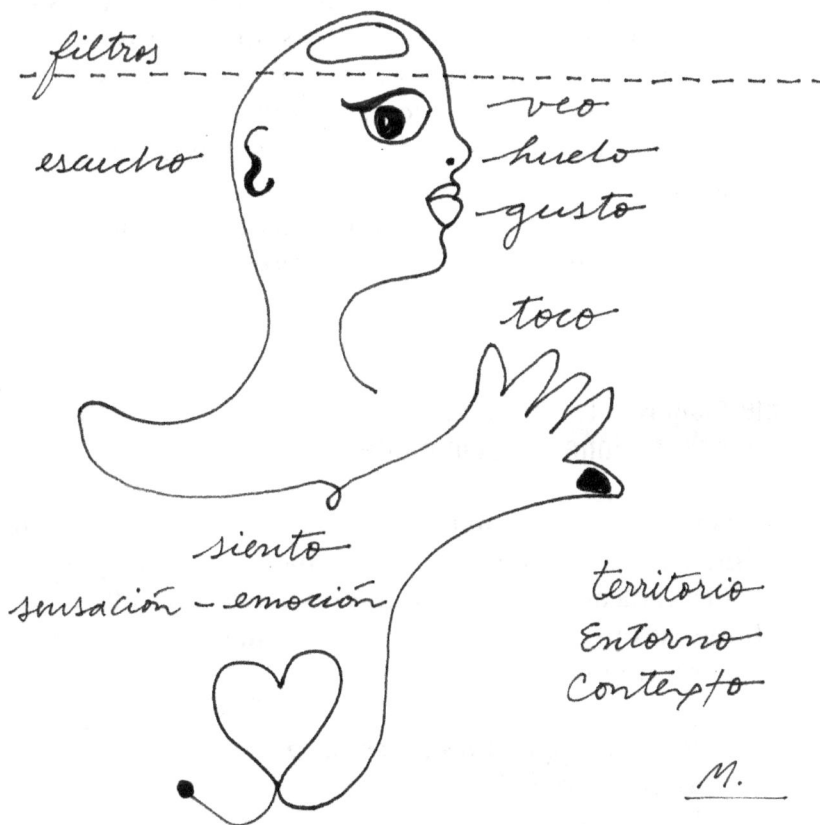

Otros filtros: lenguaje, valores, creencias.

COACHING PARA LA TRANSFORMACIÓN PERSONAL

Percibimos el mundo exterior a través de nuestros cinco sentidos: vista, oído, olfato, tacto y gusto, experiencia sensorial que nos da información y conocimiento acerca de él. Los estímulos que recibimos del mundo son filtrados por cada uno de los sentidos. A su vez, las creencias, los valores, los pensamientos, las historias que dan sentido a nuestra vida, también operan como filtros internos y direccionan la información aportada por nuestros sentidos, construyendo así nuestros mapas mentales o modelos del mundo.

La PNL define tres sistemas principales de representación sensorial mediante los que codificamos la información: el *visual,* el *auditivo* y el *kinestésico.* Este último abarca los sentidos del tacto, el olfato y el gusto y sentimientos internos, como sensaciones recordadas, emociones, además del sentido del equilibrio. Todos los seres humanos utilizamos los tres, aunque, en cada persona, predomina o está más desarrollado uno u otro.

El siguiente ejercicio es una aproximación que lo ayudará a descubrir cuál es el sistema representacional que más utiliza.

Ejercicio N° 11. Descubra su sistema representacional predominante

Este ejercicio le dará un reconocimiento inmediato de usted mismo. Hágalo rápidamente, sin analizar cada respuesta.

Lea cada afirmación y las tres opciones. En cada ítem califique las opciones según su tendencia, con 1 (la menor), 2 (la intermedia) y 3 (la mayor).

1. **Recuerdo más a las personas por:**
   a) Su apariencia.
   b) Su voz.
   c) Su calidez (frialdad, amabilidad, etc.)

2. Elijo la comida por:
a) Su presentación.
b) Lo que me dicen acerca del plato.
c) Sus sabores/olores.

3. Los lugares que prefiero para vivir tienen que ser:
a) Luminosos y con buena vista.
b) Silenciosos.
c) Confortables.

4. Tomo decisiones según:
a) Lo que veo.
b) Lo que escucho.
c) Lo que siento.

5. Compro la ropa por:
a) Cómo luce.
b) Lo que me cuentan que está de moda.
c) Al probarla me resulta cómoda.

6. Cuando veo una película, recuerdo:
a) Los actores, los paisajes, la ambientación.
b) Los diálogos.
c) Las sensaciones que me produjo.

7. Elijo un automóvil por:
a) Su diseño, color.
b) Lo silencioso de su motor.
c) Su nivel de confort.

8. Cuando salgo de compras:
a) Observo los productos.
b) Escucho al vendedor.
c) Pruebo y toco los productos.

9. **Las actividades que prefiero son:**
   a) La fotografía, la pintura, el cine.
   b) Las conferencias, los conciertos.
   c) La escultura, el baile.

10. **Aprendo más fácilmente:**
    a) Leyendo, haciendo cuadros sinópticos.
    b) Escuchando a un compañero, un cassette, un CD.
    c) Escribiendo.

11. **Al hablar, lo hago:**
    a) Rápidamente.
    b) Soy analítico.
    c) Desde el sentimiento.

12. **En mi hacer, tengo tendencia a:**
    a) Ocuparme de varias cosas al mismo tiempo.
    b) Ocuparme de a una por vez.
    c) Poner el cuerpo en lo que hago.

13. **Observo más en las personas:**
    a) Cómo se visten, su aspecto físico.
    b) Su modo de hablar.
    c) Cómo se mueven.

14. **Aprendo más fácilmente cuando:**
    a) Veo una demostración de la actividad.
    b) Recibo instrucciones verbales.
    c) Comprometo mi actividad corporal.

15. **Para ubicarme geográficamente en una ciudad:**
    a) Utilizo un mapa.
    b) Pregunto y escucho las indicaciones que recibo.
    c) Confío en mi intuición o escribo las indicaciones.

16. **Cuando tengo muchas actividades para hacer:**
    a) Hago listas o me imagino las actividades.
    b) Me repito continuamente las actividades a realizar.
    c) Siento incomodidad hasta que la mayoría de las actividades están terminadas.

17. **Cuando hablo con alguien:**
    a) Hago imágenes acerca de lo que el otro dice.
    b) Escucho atentamente el mensaje.
    c) Me contacto con mis emociones mientras lo escucho.

18. **Cuando resuelvo problemas:**
    a) Miro alternativas hasta que puedo integrar una imagen totalizadora.
    b) Expreso oralmente las alternativas hasta que alguna me hace "clic".
    c) Juego con las posibilidades hasta tener una sensación de seguridad.

Sume los puntajes de cada tipo de respuestas.
Respuestas a: ....
Respuestas b: ....
Respuestas c: ....

El mayor puntaje en las respuestas "a" corresponde a la predominancia visual.
El mayor puntaje en las respuestas "b" corresponde a la predominancia auditiva.
El mayor puntaje en las respuestas "c" corresponde a la predominancia kinestésica.

El mayor puntaje tiene que ver con el sistema representacional preferente, el que utiliza con mayor frecuencia. La frecuencia con la que usa los otros dos, que son sistemas secundarios, va a depender del puntaje obtenido en cada caso. Si obtiene dos resultados iguales, usted puede operar en uno u otro indistintamente según la circunstancia. Si obtiene los tres resultados similares, tiene los tres canales abiertos, lo que le da la flexibilidad de pasar de un sistema a otro según la situación.

La aplicación de este ejercicio le permitirá, a su vez, detectar el sistema predominante de sus interlocutores.

Los seres humanos realizamos continuamente representaciones mentales a través de todos los sistemas sensoriales.

Los sistemas representativos en general equivalen a un sistema sensorial, canal sensorial o plano perceptivo (ver, oír, sentir, oler, saborear). En determinados contextos, el sistema representativo es aquel sistema sensorial a través del cual se accede a la parte consciente de una experiencia.

Si usted está contemplando un paisaje, observando el lugar, los colores, las formas, podríamos decir que esa percepción será archivada preferentemente de manera visual, por lo tanto volverá a usted en forma de imagen.

Y si, en ese mismo paisaje, percibe el sonido del viento, del movimiento de las hojas, las palabras y ruidos que emiten las personas que caminan por allí, esa percepción será almacenada de manera preferentemente auditiva.

En cambio, si lo que percibe es la sensación del viento en su cuerpo, la temperatura del lugar, la emoción que le produce estar en ese paisaje, al aire libre, con esas personas, esa información será almacenada de manera preferentemente kinestésica.

La recepción de un estímulo del exterior sólo se hace consciente en el momento en que contamos con el resultado de dicho proceso, o sea una representación, una imagen, un sonido o una sensación, o una combinación de ellas.

Tales representaciones no sólo son producidas por un estímulo externo, sino que además son almacenadas y se pueden llamar internamente, una vez que ya existen. Por ejemplo, me puedo acordar de la imagen del lugar donde pasé las vacaciones, puedo recordar una canción que escuché, o puedo recordar la sensación del viento moviendo mis cabellos, el sabor del chocolate, o el olor a pan recién horneado.

Puesto que nosotros mismos no percibimos el proceso de la percepción, la representación de los estímulos externos y la llamada a las representaciones ya almacenadas (bien en forma de imaginación o fantasía) son procesos mentales difíciles de diferenciar. Por ejemplo, los sueños sólo tienen lugar en nuestra cabeza, pero cuando soñamos, los sentimos como una experiencia real.

Al nacer, tenemos todos nuestros canales sensoriales abiertos y disponibles, pero a medida que vamos creciendo, ya sea por educación, por el entorno o por nuestras propias vivencias, vamos eligiendo alguno, lo privilegiamos sobre los otros. Aun así, utilizamos distintos sistemas representacionales de acuerdo con las circunstancias. Todos tenemos la posibilidad de ampliar nuestro modelo del mundo. Sobre esto vamos a trabajar: para que, más allá de sus preferencias, aprenda a utilizar el canal más adecuado a la situación o momento en que está viviendo.

Hagamos una prueba: recuerde lo que desayunó esta mañana, y luego siga leyendo.

¿Cómo lo recuerda? ¿Lo vio? ¿Escuchó algo? ¿Sintió el sabor, la temperatura y el aroma de lo que estaba tomando? ¿De qué se dio cuenta? Registre cómo tiene archivada esa información.

Le propongo el siguiente ejercicio para recuperar recursos del pasado.

Ejercicio N° 12. Aprendizaje placentero

Esta actividad le permitirá recuperar recursos de experiencias placenteras que ocurrieron en su vida, para que cuando usted lea este libro pueda realizar un aprendizaje más satisfactorio y motivador.

Una vez que haya leído las indicaciones, le recomiendo cerrar los ojos para revivir más intensamente la situación.

- Ahora, evoque alguna situación de aprendizaje de su pasado que haya sido placentera y de la que usted haya disfrutado.
- Una vez que encontró esa situación, asóciese a ella, métase dentro de ese recuerdo como si lo estuviera viviendo en este momento. Tómese el tiempo que necesite.
- Registre: ¿En qué lugar está? ¿Cómo es ese lugar? ¿Qué personas lo acompañan? ¿Qué ve a su alrededor?
- ¿Qué sonidos, voces, escucha?
- ¿Qué acciones está ejecutando? ¿Qué sensaciones, emociones, experimenta?
- Una vez que haya registrado esa experiencia en su cuerpo, abra los ojos y, con esta sensación, emoción, vuelva a su presente, manteniendo este aprendizaje placentero.

Detectar el modelo del mundo del interlocutor

La manera de darse cuenta de cuál es el sistema representacional que una persona está privilegiando en un determinado momento es observar los ítems que se describen a continuación.

- Palabras: cuando hablamos utilizamos un vocabulario propio de cada sistema representacional.
- Proceso de pensamiento: determina la secuencia, velocidad y nivel de detalle con que la persona piensa.
- Ritmo: velocidad del habla y de los gestos y ademanes.
- Fisiología: postura corporal, ritmo y profundidad de la respiración, modulación de la voz (ver Capítulo 5).

– Accesos oculares: las diferentes posiciones que adoptan nuestros ojos de acuerdo con la manera en que estamos procesando la información.

– Distancia óptima: aquella en la que cada uno se siente cómodo para comunicarse con los demás.

Los procesos de pensamiento

Proceso de pensamiento visual

Características generales

Una persona que está operando en el canal visual piensa, recuerda y proyecta en imágenes. Puede pensar en varias cosas al mismo tiempo, como un video clip donde las imágenes se superponen rápidamente; esto le permite también hacer varias cosas de manera simultánea. Habla y escribe muy rápido porque tiene la sensación de que el tiempo no le alcanza para expresar todo lo que tiene *in mente*. Incluso, se impacienta con sus interlocutores si estos están operando desde un canal auditivo o kinestésico y se apresura a sugerirles palabras para que completen más rápido su discurso. Utiliza expresiones identificadas con la vista: "No todo es *color* de rosa", "Mis ideas están un poco *difusas*", "*Mire* lo que le digo", "*Vea*, amigo". Necesita mirar y ser mirado, y mantener siempre el contacto visual. Por ejemplo: si tengo una entrevista con un gerente que está en el sistema representacional visual, me va a atender muy rápidamente, hablará a gran velocidad y necesitará terminar la reunión lo antes posible ya que el tiempo es importante para él; en su diálogo interno, dice "No tengo tiempo que perder". Valora a quienes actúan, reaccionan y hablan velozmente.

Para concentrarse en un tema, necesita verlo escrito; si le leemos en voz alta y no tiene dónde apoyar su mirada, se dispersa. Si usted trabaja con una persona de estas características, recuerde hacer una fotocopia de lo que le va a leer, y désela para que pueda seguirlo con la vista. Ellos recuerdan las letras de lo que vieron en un libro y usan resaltadores para recordar lo que les interesó. Si usted necesita recordar a su colaborador o jefe la agenda del día, escríbala con letra grande y en diferentes colores.

Postura corporal, gestos y voz

Gesticula mucho, con movimientos rápidos de brazos y manos, siempre hacia afuera y adelante, como si mostrara imágenes. Habitualmente, las palmas están hacia abajo cuando gesticula. Lleva la cabeza hacia adelante, los hombros hacia arriba y habla muy rápidamente en voz alta. Su respiración es rápida y superficial, y sólo detiene el ritmo cuando quiere ver mejor. Lleva los ojos hacia arriba, ya que en ese lugar recupera las imágenes. Se sienta en la punta de la silla, sin prestar atención a la incomodidad, siempre listo para levantarse.

Palabras que tienen sentido para este sistema

Ver, imagen, imaginar, aparecer, echar un vistazo, enfocar, perspectiva, punto de vista, panorama, apariencia, esclarecer, horizonte, pantalla, mostrar, luminoso, mirar, oscuro, foco, brillante.

¿Se siente identificado con esta descripción? ¿Le recuerda a alguna persona?

Proceso de pensamiento auditivo

Características generales

Piensa en palabras e ideas. Construye frases completas. Su proceso de pensamiento es ordenado, secuencial y profundo. Hace y piensa una cosa por vez. Habla más lentamente que en el proceso visual, y busca las palabras precisas para cada situación, que representen sus ideas y emociones con mayor exactitud. Necesita escuchar, ser escuchado, y muchas veces leer en voz alta para escucharse. Se delata como operando en el canal auditivo con expresiones como "Me alegro de *oír* eso", "*Dígame* cómo es", "*Escuche* lo que está diciendo", "*Cuénteme* qué lo trae por aquí", mientras mantiene su cabeza hacia atrás o inclinada.

Postura corporal, gestos y voz

Habla con una velocidad media y en un volumen similar mientras se señala la zona de las orejas, se toca los labios o la barbilla, y acompaña su discurso con movimientos de las manos, con las palmas enfrentadas, como si estuviera ordenando con ellas las partes del discurso. Respira con el diafragma, a velocidad media, y suele suspirar. Sus ojos están en el nivel medio. Cuando se quiera comunicar con una persona que está auditiva, dígale una cosa por vez; de lo contrario, entrará en un estado de confusión que le impedirá realizar lo que usted le está pidiendo; y si usted está en el canal visual, háble al ritmo del auditivo, lo más lentamente que pueda.

Palabras que tienen sentido para este sistema

Oír, sonidos, mencionar, preguntar, gritar, a tono, oral, escuchar, resonante, discutir, hablar, decir, me hizo clic, me suena, contar, vocal, me hace ruido, armonía, concertar.

¿Se reconoce en esta descripción? ¿O pensó en alguien más?

Una mamá vino a consultarme con su hijo de siete años. Juancito no hacía lo que ella le pedía y, como era un chico muy bueno, ella no entendía qué le ocurría. Cuando le pregunté a él qué le pasaba, me contestó, con fraseo pausado: "¿Y qué querés? Cuando vuelvo del colegio, hago los deberes.

Llega la noche, y ella me dice 'Prepará la valija para mañana, levantá los útiles, poné la mesa y andá a bañarte'. Cuando la escucho, no sé qué quiere que haga. Me dice todo junto y tan rápido que no entiendo". Sonreí, ya que la situación era "de libro". Le comenté a la mamá que su hijo usaba preferentemente el canal auditivo y que por eso hablaba más lentamente y necesitaba que le dijeran una cosa por vez. La mamá estaba más a menudo en el canal visual y le enseñé cómo comunicarse. Le sugerí que le hablara a menor velocidad y más pausadamente. Por ejemplo: "Escuchame, Juancito: quiero que, primero, prepares tu valija para mañana; después, que pongas la mesa y, cuando termines, vayas a bañarte".

Las personas predominantemente auditivas son muy buenas para implementar el paso a paso de un proyecto, usar las palabras precisas en instrucciones, devoluciones, e improvisaciones de discursos o clases.

Proceso de pensamiento kinestésico

Características generales

Una persona con predominio del sistema kinestésico piensa a través de lo que siente y se concentra en lo que hace, aun en un entorno confuso. Es quien percibe mejor sus estados internos, sus sensaciones y emociones, y se acerca mucho a la otra persona buscando un contacto corporal, ya que necesita tocar y ser tocado. Utiliza frases como "Sus palabras me llegaron al *corazón*", "*Saborear* el momento" o "Es un tipo *ácido*".

Postura corporal, gestos y voz

Es alguien que apoya bien los pies y deja su cuerpo relajado. Pone las manos con las palmas hacia arriba, gesticulando hacia sí mismo, y habla en voz baja, lentamente. Baja los hombros y la cabeza. Los ojos también miran hacia abajo.

En este canal, solemos conectarnos con la intuición. Si, estando kinestésica, la persona le dice que siente que una situación no va a funcionar, créale. Cuando lo reciba, ubíquelo en un lugar agradable, en un asiento cómodo; convídele un cafecito y acérquese. Los aromas del lugar, así como la temperatura ambiente, son importantes para él. Habitualmente, es el "mimoso" del grupo. Para retener la información, necesita escribirla. Es emotivo y afectuoso, y tiende a tocar al interlocutor.

Palabras que tienen sentido para este sistema

Sentir, asir, firme, presionar, apretar, manejar, dulce, estrés, sensible, me conmueve, cálido, frío, emoción, sólido, pesado, suave, cómodo, este asunto me huele mal.

¿Se siente más identificado con este sistema? ¿O le recuerda a alguien?

Tenga en cuenta, además, que en el trabajo, usted puede estar preferentemente visual y, cuando llega a casa, ponerse kinestésico: busca el mejor lugar para sentarse, se saca los zapatos y se pone ropa más cómoda, etcétera.

También, es posible que usemos dos sistemas de manera muy pareja. Yo, por ejemplo, estoy predominantemente visual-kinestésica y, aunque estoy muy conectada con sensaciones y emociones, mi proceso de pensamiento y mis acciones son rápidos y tengo las características de una persona visual.

Distancia óptima

Otro de los indicadores que podemos observar para detectar el sistema representacional del otro es el espacio percibido como ideal entre los interlocutores. Cada cultura tiene sus propias distancias "socialmente aceptadas". Cuando me formé en PNL, en un programa intensivo en Europa, recuerdo que también había gente de los Estados Unidos. Cuando trabajábamos juntos en un ejercicio, los norteamericanos se ubicaban a una distancia mucho mayor que los europeos y, por supuesto, que yo como latina. Tenga en cuenta que este aspecto es fundamental en una conversación de coaching para que el cliente se sienta más cómodo y abierto a la experiencia. Verifique si la distancia que usted toma en relación al cliente es la óptima para él.

La distancia óptima para un visual es la más grande, ya que lo más importante para él es ver al otro. El auditivo, en cambio, necesita una distancia algo menor, porque lo más importante para él es oír. Finalmente, el kinestésico, es el que más se acerca, porque necesita sentir y hasta tocar al otro.

Saber esto ayuda muchísimo en la comunicación. Por ejemplo, si un kinestésico se acerca demasiado a un visual, probablemente este dé un paso atrás o mueva hacia atrás el torso y la cabeza, para mantener a salvo su burbuja de comodidad. Por eso, es importante cuando nos queremos comunicarnos con alguien, observar qué ocurre a medida que nos acercamos. Si vemos que hace un gesto hacia atrás, tenemos que retroceder hasta que registremos que se siente cómodo con la distancia. Si usted es visual y se relaciona con una persona kinestésica, para poder tener una mejor comunicación con ella, tendrá que acercarse más, y hasta a veces y si es conocido, incluso tocarle el brazo o palmearlo en la espalda.

Si usted está visual y se encuentra con una persona que está kinestésica, esta va a tratar de acercarse. Probablemente usted sienta que el otro quiere invadir su espacio. Si da un paso hacia atrás, el kinestésico va a seguir acercándose a usted ya que, para comunicarse, necesita una distancia diferente de la suya. Si usted realmente quiere comunicarse, en un principio, puede optar por empezar la conversación desde esa distancia para luego dar un paso hacia atrás, sin que sea mal interpretado.

Es decir: no todos nosotros, ni en todos los ámbitos, tenemos la misma distancia óptima. Ahora puede empezar a usar este conocimiento como herramienta de comunicación. Por ejemplo, cuando se encuentre con una persona, verifique cuál es su distancia óptima; si cuando usted se acerca el otro retrocede, dé un paso atrás y notará el alivio de la persona, que puede manifestarse mediante un suspiro. En el caso de que usted esté demasiado alejado y la distancia óptima del otro sea más corta, será él quien dé el paso adelante.

Comprender para ser comprendido

Entonces, cada sistema representacional se caracteriza por un proceso de pensamiento, un lenguaje, un ritmo, un tono de voz, una postura corporal, gestos y una distancia óptima que lo distinguen del resto.

Para comunicarnos de manera efectiva con una persona, hacemos un puente para llegar a ella, usando su lenguaje propio y/o su velocidad y ritmo al hablar, al moverse, su distancia óptima, su postura o su proceso de pensamiento. Cualquiera de estas opciones hace que lleguemos directamente a su modelo mental ya que lo conocido nos resulta familiar y confiable. Usamos su mismo lenguaje verbal y no verbal para que se sienta comprendido, tenido en cuenta, escuchado y visto. Esto produce un estado de ganar-ganar: yo estoy sintiendo que mi mensaje llegó al otro, y el otro comprende mejor lo que le estoy queriendo decir.

Entonces, si reconoce que la persona con la que se va a comunicar es preferentemente visual, traduzca el mensaje a su lenguaje, por ejemplo: "Mirá, mis ideas están un poco difusas; podría verlo más claro si buscamos más información acerca de este tema".

Si se da cuenta de que el otro es preferentemente auditivo, háblele lentamente y use este tipo de oración: "Escuchame; me hace ruido lo que me decís. Primero, podemos buscar más información acerca del tema para luego ordenar mejor las ideas".

En cambio, si percibe que el otro está kinestésico, podría decirle: "Siento que estas ideas me pesan un poco y me confunden. Me tranquilizaría buscar más información para manejar mejor este tema".

Como usted está viendo, entendiendo y sintiendo, cuando usamos el lenguaje del otro, igualando el vocabulario, el ritmo y la velocidad, logramos la cooperación y el encuentro. En un coaching, esto es fundamental para generar un contexto de entendimiento, apertura, confianza y contención.

El rapport
Creación de un ambiente de confianza y credibilidad

Muchas veces, utilizamos la palabra inglesa *rapport* sin comprender totalmente qué significa. No tiene un equivalente preciso en castellano, aunque puede traducirse por un conjunto de palabras como armonía, unidad, afinidad, entendimiento mutuo, aplicadas a la relación entre personas.

El rapport es uno de los pilares fundamentales del coaching. Para establecerlo, a niveles consciente e inconsciente, es imprescindible acompasar, o sea, ir al paso del otro, sin adelantarse ni atrasarse.

Al acompasar creamos una relación de confianza y credibilidad mediante la igualación del lenguaje verbal y corporal. Es una habilidad natural y la practican los mejores comunicadores de cada profesión. Cuando nuestro comportamiento concuerda con el de nuestro interlocutor, este nos comprende mejor, y nosotros entendemos mejor lo que quiere comunicarnos.

Cuando estamos en una buena comunicación con alguien, naturalmente tenemos la misma postura corporal. Si quiere comprobarlo, piense en alguna comunicación efectiva que haya tenido. Arme una imagen de esa escena y registre cuáles son las posturas corporales de ambos. Seguramente, comprobará que son iguales.

¿En cuál de estos dibujos las personas están haciendo rapport?

¿Cómo logramos rapport?

Espejar y acompasar el lenguaje corporal del interlocutor es crear una danza con él, estableciendo una relación que genera comprensión y confianza.

Pautas de una buena comunicación:

1. percibir al otro;
2. calibrarlo, observar con la mayor exactitud posible, su postura y movimientos, sus gestos, la posición de su cabeza, el movimiento de los ojos, ritmo y posición de la respiración;
3. espejear, reproducir, igualar su postura corporal como si fuera un espejo aunque no de manera simultánea, observando si el torso está hacia adelante o hacia atrás; si la cabeza se dirige hacia arriba o hacia el pecho, o si está inclinada hacia la derecha o la izquierda; si los brazos o las piernas están cruzados, etc.;
4. acompasar, ir al compás de los movimientos de la otra persona, tomando de manera sutil y natural algunas de esas señales; acompasar también el tono, ritmo y velocidad de su dicción, y las palabras que tienen sentido en su sistema representacional.

Bandler y Grinder[1] observaron a grandes comunicadores como Virginia Satir, Milton Erickson y Fritz Perls y descubrieron que utilizaban estos mismos patrones de excelencia en su comunicación.

¿Qué sucede cuando no hay rapport? Se afecta la respuesta de la interacción y esta puede ser la diferencia entre ponerse cooperativo o resistente.

En una relación cooperativa se da un clima de confianza entre los interlocutores, confianza que no implica una connotación afectiva sino efectiva. Aunque el interlocutor no sea de nuestro agrado, pronto estaremos en condiciones de establecer con él una comunicación exitosa.

Cierta vez, me reuní con dos personas de Recursos Humanos de una empresa, que me pidieron una capacitación con PNL a fin de resolver los serios problemas de comunicación que enfrentaban. La propuesta que les ofrecí les resultó

---

1. Grinder, John y Bandler, Richard: *Op. cit.*

muy adecuada y la aceptaron, aunque había una sola condición más: lograr una entrevista efectiva con el director general, todo un desafío según ellos: al ser una persona con tantas ocupaciones, habitualmente no estaba disponible para escuchar, era muy rápido y toda persona que llegaba a él difícilmente contaba con el espacio suficiente para terminar su presentación. Cuando escuché el relato, de inmediato percibí que este director era preferentemente visual, dato que me bastó para armar mi propuesta. Cuando llegué a la entrevista, comencé haciendo rapport, saludé con movimientos rápidos y hablando muy velozmente, y le pregunté de cuántos minutos disponíamos para esa conversación. Extrañado, me contestó "Diez". A partir de allí, le conté lo esencial en menos de diez minutos. Comenzó a hacerme preguntas y tuvimos una conversación de casi una hora. Quedó encantado con el proyecto y lo aceptó de inmediato. Lo que le permitió escucharme fue el rapport que establecí, y valoró que respetara su tiempo. Esto lo relajó y le generó confianza.

Otro ejemplo que siempre recuerdo: era un fin de semana largo y yo me iba de viaje en mi auto. Fui a la estación de servicio a poner aire a los neumáticos. Me atendió un señor muy enojado por tener que hacer esa actividad. Mientras estaba agachado, hablaba en voz alta, "enojado con la vida", porque estaba cansado y le tocaba trabajar ese fin de semana. Esa situación me conmovió e inmediatamente me agaché al lado de él, acompasándolo para que se sintiera comprendido, tenido en cuenta; él me miró asombrado. Todavía agachada a su lado, le dije que lo entendía. En ese momento, se conmovió él y cambió su emoción. Me pidió disculpas y, con un discurso de gratitud, me pidió que volviera cada vez que necesitara poner aire a los neumáticos.

También agacharse a la altura de los niños es un acto de amor. El pequeño se siente tenido en cuenta, contenido, escuchado y mirado. Imagine lo grande que él lo ve si usted está de pie.

Si tiene una entrevista y la otra persona está sentada, siéntese. Si no es posible, incline el torso a fin de que el otro se sienta más cómodo. La idea es igualar las posturas para tener una mejor comunicación.

El rapport es una herramienta fundamental para mejorar la comunicación dentro de las organizaciones. Si usted lidera equipos de trabajo, establecer rapport le permitirá generar interacciones más sanas y flexibles. Muchas de las empresas con las que venimos trabajando hace más de veinte años han logrado un cambio en la cultura organizacional a partir del diseño de programas específicos de comunicación y relaciones interpersonales dirigidos en primer lugar a directores y gerentes para orientarlos luego al resto de la organización.

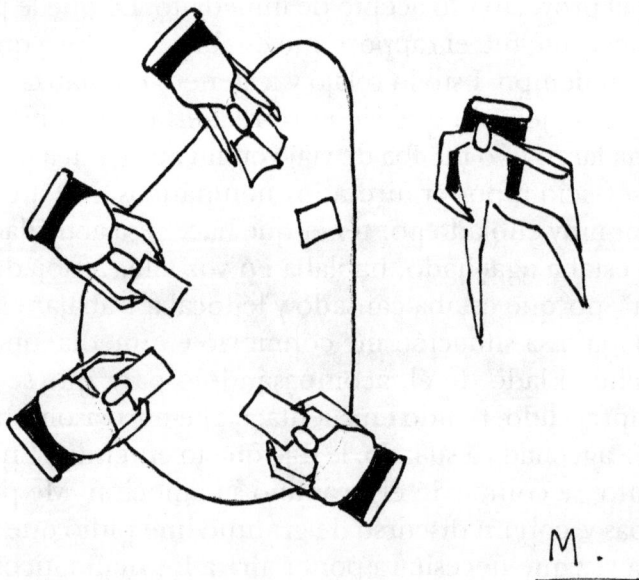

M.

En esta imagen podemos observar cómo uno de los integrntes no hace rapport con el resto del equipo.

El rapport y el teléfono

El teléfono ocupa un lugar destacado como herramienta de comunicación en los negocios. Con él, el único medio del que disponemos para establecer rapport es nuestra voz.

Pasos para lograr rapport por teléfono

1. Escuche las características de la voz y las palabras utilizadas por su interlocutor.

2. Detecte el sistema representacional.

3. Espejee las características del habla (ritmo, volumen, tono, silencios, fraseo).

4. Adopte la postura corporal del sistema representacional en el que se está comunicando su interlocutor.

Características de la voz

El volumen puede ser alto, medio o bajo.
El ritmo puede ser rápido, moderado o lento.
El tono puede ser agudo, central o grave.

Por ejemplo, si la persona que habla, lo hace muy lento, con espacios de silencios y con vocabulario auditivo, y yo le hablo muy rápido, con palabras visuales, seguramente la otra persona no me va a entender y la comunicación no va a ser efectiva.

Por otro lado, si yo hablo lentamente, con palabras kinestésicas o auditivas y la otra persona es preferentemente visual, con un ritmo muy veloz, la conversación va a ser intolerable para ambos, ya que no sólo no se podrán comunicar, sino que disparará en ambos una emocionalidad negativa.

Se ha descubierto que, asombrosamente, dos personas que se están comunicando por teléfono de manera efectiva, sin saberlo, adquieren la misma postura corporal. Interesante, ¿no?

El rapport y la comunicación electrónica

En los cursos, muchas personas me cuentan las serias dificultades que tienen cuando se comunican a través del e-mail, ya que muchas de las frases que se usan en él, no son específicas, generan dificultad en la interpretación y contienen palabras que no siempre llegan al modelo mental del interlocutor.

Una de las dificultades de la comunicación por e-mail es que contamos, básicamente, sólo con las palabras, y no con el lenguaje no verbal. Dada esta situación, pueden suceder equívocos. Si es posible, en situaciones de mayor complejidad, es mejor elegir una conversación cara a cara, o, en segundo término, hablar por teléfono.

Una manera de establecer rapport en este caso es usar el vocabulario del otro de acuerdo con el sistema representacional que está usando. Si usted no sabe el sistema representacional del o los otros, use palabras de los tres sistemas, siendo lo más específico posible, ya que las palabras tienen diferentes significados para cada uno (esto lo veremos más adelante con mayor detenimiento). También es importante registrar la forma de comunicarse de la otra persona: si sus e-mails son largos y detallados, o breves y sintéticos. Recuerde que el que está visual es muy rápido y no tiene tiempo que perder. Tenga en cuenta también la velocidad con que la persona responde sus correos.

Un problema muy frecuente en este tipo de comunicación dentro de las organizaciones es la falta de verificación. Mandamos un e-mail y damos por sentado que el otro lo recibió, lo leyó y lo comprendió. Esto trae serias dificultades, porque muchas veces no sucede así.

CAPÍTULO 5

LA MENTE HOLOGRÁFICA[1]

Con la colaboración de Daniel Cuperman,
Fernando Cuperman y Graciela Astorga

Las dos nuevas claves de la comunicación exitosa

Dos personas que se comunican son dos sistemas que se comunican, cada uno desde su propio modelo. Que las personas podamos comunicarnos es un hecho extraordinario, ya que cada una parte de su propio modelo y mapa del mundo. ¿Cómo podemos, entonces, avanzar en el camino de una comunicación más eficiente?

Si partimos de la explicación básica de que para comunicarnos necesitamos un emisor y un receptor, el éxito de la transmisión y la recepción del mensaje necesita que ambos compartan un código y que dicho mensaje llegue con la menor cantidad de ruido e interferencias posibles.

En este capítulo aprenderemos dos herramientas de excelencia en el proceso de la comunicación en dos niveles:

1. comprender el código del emisor en la escucha y tenerlo como herramienta en nuestro propio mensaje, y

---

1. Basado en las investigaciones de Daniel Cuperman, Fernando Cuperman y Graciela Astorga, www.menteholografica.com

2. eliminar ruidos o filtros en la recepción del mensaje, utilizando la dimensión espacial en el proceso de transmisión.

El tono en la comunicación: la voz del *sí* y la voz del *no*

Hagamos una sencilla experiencia.

Pregunte lo siguiente a una persona que esté sentada y escuche atentamente sus respuestas.

—¿Estás sentado/a?
—Sí.

—¿Estás parado/a?
—No.

Notará una marcada diferencia en el tono: el sí es más agudo, más alto en la escala, mientras que el no es más grave, más bajo en la escala.

Luego, pídale que mienta su primera respuesta:

—¿Estás sentado/a?
—No.

—¿Estás parado/a?
—No.

Y ahora, que lo haga en la segunda:

—¿Estás sentado/a?
—Sí.

—¿Estás parado/a?
—Sí.

Advertirá que hay un no *más agudo*, cuando la respuesta verdadera es sí, y un sí *más grave* cuando la respuesta verdadera es no.

La persona no puede mantener la congruencia entre su tono y la respuesta, al estar diciendo lo contrario a lo que es verdad.

Cuanto más afinamos nuestro oído, más detectamos las utilizaciones de estos dos tonos en la comunicación, a los que llamamos "la voz del sí" y "la voz del no".

Podemos seguir experimentando.

1. Detecte en alguien el tono de su voz del sí.
2. Pruebe de hablarle a esa persona de algo que le encanta con el tono de la voz del sí y observe sus gestos (sobre todo, las comisuras de la boca) y su lenguaje corporal.
3. Luego, dígale lo mismo, pero con la voz del no, y observe el resultado de la comunicación que están estableciendo.
4. Por último, pregúntele qué le estuvo pasando en cada caso.

Encontramos que, por lo menos, hay un registro consciente de incomodidad o desagrado, hasta un cierto nivel de hostilidad o inquietud física (la persona se mueve en su silla o hace gestos de molestia) cuando utilizamos su voz del no en la emisión de un mensaje.

Todo el tiempo nos estamos comunicando, pero hasta ahora no contábamos con una herramienta que nos permitiera poner la atención en la importancia del tono de la voz en relación al código del interlocutor. Este concepto nos da un nuevo elemento para comprender estos dos sistemas.

Si estamos atentos a las voces del otro, podemos utilizar nuestro tono de voz como estrategia de comunicación para asegurarnos de eliminar filtros muy importantes en la recepción del mensaje y comprender el proceso.

Muchas veces, basta una simple pregunta inocente y casual al comienzo de la conversación, que la persona ni notará, para detectar ese tono. Las referencias habituales al clima son muy útiles en estos casos.

—¿Hace frío?
—Sí.

—¿Tenés calor?
—No.

Imaginen por un momento un hombre en una situación de liderazgo, que imparte instrucciones con el tono lo más grave posible, en la creencia de que esa es una voz masculina de líder bien utilizada.

Lo más probable es que esté hablando con la voz del no de la mayoría, y esto es un fuerte elemento de interferencia en la recepción del mensaje en todas las personas que luego tienen que seguir esas instrucciones.

Si llevamos el mismo ejemplo a otros ámbitos: conversaciones terapéuticas, de coaching, o los vínculos personales, nos daremos cuenta de la enorme importancia de aplicar esta herramienta tan simple en la emisión de nuestro mensaje.

Escuchemos la voz del sí del interlocutor y luego podremos estar utilizando esos tonos para reforzar la congruencia de nuestras afirmaciones y negaciones, o para sugerir la respuesta desde una analogía tonal.

Por ejemplo, utilizando la voz del sí de la persona le decimos:

—¿Estás de acuerdo en probar estas nuevas opciones en tu vida?

Los campos de lo positivo y lo negativo

Cuando nos comunicamos en presencia del otro, estamos en una relación espacial con él. Estamos enfrente, atrás, a la

izquierda, a la derecha, y estas posiciones afectan a la comunicación.

Lo más habitual es que estemos frente a nuestro interlocutor o de costado, a su derecha o izquierda.

Nuestro mensaje, ¿le llega de la misma manera si estamos a su derecha que a su izquierda? Hoy sabemos que no.
Esto sucede porque las personas tenemos espacialmente un
campo donde nos representamos lo positivo y un campo
donde nos representamos lo negativo, y quien se comunica
entra en ese campo, o su mensaje pasa a través de él, y es
"filtrado" por su polaridad.

Podemos hacer algunas simples experiencias para comprobar que hay una diferencia en la lateralidad en relación
a la recepción del mensaje. Por ejemplo, hablarle sobre un
lugar, hora y época que le guste.

Primero, podemos hacerlo de un lado y con su voz del sí:

—Imagina que estás allí en ese paisaje que tanto te gusta,
 y esa estación del año maravillosa donde todo es tan
 hermoso, y es justo esa hora del día con esa luz tan especial, y estás allí disfrutando... etcétera.

Y observamos sus gestos, sobre todo los de su boca (si
aprieta la mandíbula, si mueve los labios hacia un lado,
etc.).

Luego nos ubicamos del otro lado y repetimos lo dicho
en el mismo tono.

De inmediato podremos ver que hay diferencias notables entre ambos casos.

Muchas veces basta con decirle a una persona:

—¿De qué lado te resulta más cómodo que te hable?

Si nunca ha pensado en eso (y es lo más probable) pueden ensayar ambas posiciones, para que el otro elija.

© GRANICA   111

¿Por qué sucede esto?

Cuando pensamos, nuestra mente que no está estrictamente dentro del cerebro, realiza disposiciones, configuraciones mentales que podemos ubicar espacialmente en un campo alrededor de nuestro cuerpo. A este campo lo llamamos *el holograma mental.*

El holograma es un espacio de representación que nos circunda donde, literalmente, ubicamos pensamientos de acuerdo con cierta clasificación (lo positivo y lo negativo, por ejemplo) que, además, son filtros de la percepción.

Cuando realizamos procesos mentales, estos tienen una representación holográfica y somos afectados por ella.

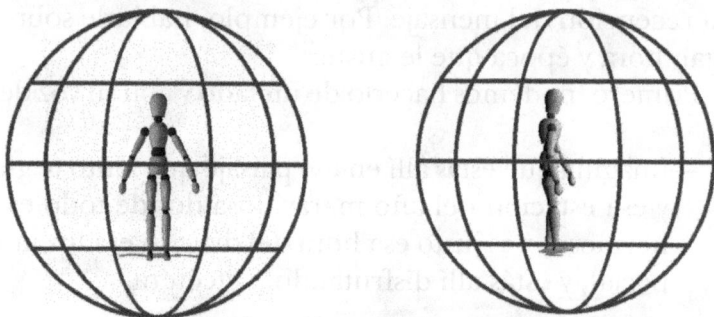

Existen en este holograma dos poderosos campos de representación que son lo *positivo* y lo *negativo.*

- Campo positivo: lo que hay, lo que me gusta, lo que es bueno, lo agradable.
- Campo negativo: lo que falta, lo que no me gusta, lo malo, lo desagradable.

En su configuración más usual, se encuentran ubicados respectivamente a derecha e izquierda de la persona (no influye el hecho de ser zurdo o diestro) y sólo una minoría tiene la configuración opuesta.

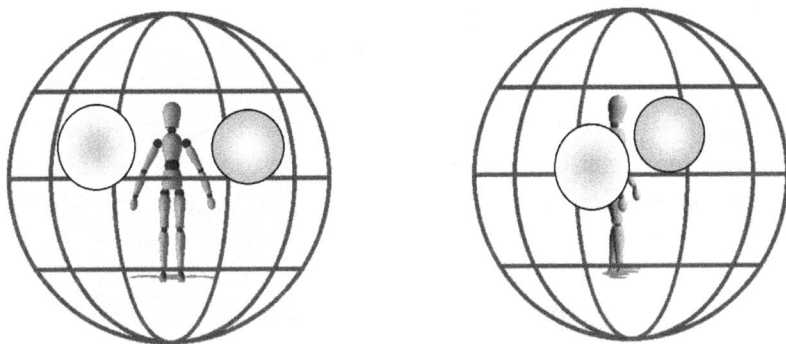

Hablamos de campos holográficos, ya que hemos encontrado que estos tienen una zona espacial, pero también una altura en relación con el cuerpo, y un tamaño, y las personas cuando se contactan con él, describen un volumen asociado.

Este descubrimiento nos permite comprender por qué algunos hacen ciertos movimientos con las manos cuando hablan de algo, a la derecha o izquierda de su cuerpo.

Realice la siguiente experiencia.

Pregúntele a alguien que tenga sus manos libres, por las ventajas y desventajas de algo que posee, por ejemplo su auto, su teléfono celular, el lugar donde vive, etc. Y observe que mientras va respondiendo, aparece una lateralidad de gestos a derecha e izquierda, según hable de una cosa y de otra, y que además, es muy probable que esos gestos reafirmen con el tipo de movimientos e intensidad lo que están diciendo.

Cuando estamos estableciendo una comunicación, su resultado está siendo influido por la posición que tenemos con respecto a nuestro receptor. Lo mismo nos sucede cuando somos nosotros quienes recibimos el mensaje.

Como consecuencia, siempre que emitimos una comunicación situados a derecha o izquierda, el receptor está recibiéndola a través de sus campos holográficos de lo positivo o lo negativo, y su mente estará siendo influida inconscientemente por cómo llegue ese mensaje una vez que atraviese estos campos.

La posición del receptor con respecto al emisor cobra entonces verdadera importancia, sobre todo en procesos terapéuticos y de coaching, y es una clave que lleva al rapport a su máxima expresión. Esto no quiere decir que si le hablamos desde su lado positivo a una persona nos diga siempre que sí, sino que al no estar filtrando el mensaje a través de la polaridad negativa, comprenderá en esencia lo que le estamos comunicando, sin interferencias. Estará, entonces, en las mejores condiciones para tomar decisiones al respecto.

Al colocarnos en uno u otro campo holográfico de nuestro interlocutor, estaremos afectando nuestro mensaje por la polaridad del campo respectivo. Si nuestra intención es lograr la mayor calidad de comunicación posible, utilizaremos el lugar físico del campo de lo positivo, con esto lograremos que la persona pueda abrirse a pensar nuevas opciones, sin ruidos. A veces, en situaciones sociales, no podemos ubicarnos en el campo deseado, pero podemos "colocar" nuestra voz allí, proyectándola hacia ese lugar y utilizando nuestras manos para realizar gestos que acompañen al mensaje en ese lugar.

La detección del lado positivo del interlocutor, y la utilización de este conocimiento como herramienta, son fundamentales en el proceso de una comunicación exitosa.

CAPÍTULO 6

LAS CONVERSACIONES

Las empresas son sistemas conversacionales

Fernando Flores[1] dice: "Las organizaciones son sistemas conversacionales, son redes dinámicas de conversaciones. Son conversaciones en una unidad de diferentes individuos que se articulan en una red".

Cuando miramos una organización desde arriba: ¿qué vemos? Personas conversando. Si miramos la empresa, ¿cuáles son sus límites? ¿El edificio? ¿El lugar? Por supuesto que no. Los límites de una organización son las conversaciones. Yo pertenezco a una organización a partir de que alguien en ella me afirma: "Desde ahora, pertenece usted a la organización. Está contratado". De la misma manera, dejar de pertenecer también es una conversación: "A fin de mes, lo desvincularemos de la empresa".

A su vez, cada área tiene un tipo de conversación distinta. No conversan igual Administración que Ventas, ni Recursos Humanos que Producción. Imagínese que si dentro de un sector tenemos problemas de comunicación, cuando queremos

---

1. Flores, Fernando: *Creando organizaciones para el futuro*. Dolmen/Granica, Santiago de Chile, 1994.

conversar con uno diferente y coordinar acciones con él, lograrlo puede llegar a ser un verdadero milagro. Nos damos cuenta de que una empresa es una red de conversaciones, y si cada área tiene un tipo de conversación distinta, tengo que saber cómo diseñar conversaciones para coordinar acciones con todas las demás.

¿Qué es el mercado? Es un tipo particular de conversaciones de oferta y demanda.

¿Se ha puesto a pensar si es usted una oferta para el mercado? ¿Cómo puede ser una oferta para la empresa en la que trabaja? También una conversación determina lo que es posible y lo que no lo es. Los gerentes, los directivos y los líderes son agentes conversacionales. Al respecto quiero contarle una anécdota, sobre un alumno que relató a su vez esta historia: su hijo de siete años siempre le pedía que lo llevara a la empresa. Un día en vacaciones lo llevó, lo sentó en el escritorio y le dio lápiz y papel. Mientras él trabajaba, el chico dibujaba y miraba todo lo que pasaba. Cuando terminó, le dijo "Bueno, hijo, vamos a casa...". Su hijo le preguntó: "¿Cómo a casa? Si no trabajaste nada... Estuviste todo el tiempo charlando con la gente".

Nos dice Humberto Maturana[2]: "Todo lo que nosotros, los seres humanos, hacemos como tales, lo hacemos en conversaciones. (…) El conversar es el origen de lo humano".

Tomando en cuenta esto, le propongo que reflexione sobre qué acciones realiza cuando trabaja. Por ejemplo, gerenciar, capacitar, asesorar, auditar, negociar, tomar decisiones, vender, informar, obtener datos, controlar procesos, manejar grupos, administrar recursos, diseñar estrategias, comunicarse con el cliente, planificar, etc. ¿Cómo hace lo que hace en su trabajo? ¿Qué tienen en común todas estas acciones?[3]

---

2. Maturana, Humberto, con la colaboración de Sima Nisis: *Transformación en la convivencia*. Dolmen, Santiago de Chile, 1999.
3. Tomado del programa de Competencias Conversacionales de Rafael Echeverría y Alicia Pizarro, Venezuela, 1998.

Realizamos todas estas tareas conversando con el otro y con nosotros mismos. Si todas las acciones que ejecutamos las hacemos conversando, es importante que nos demos cuenta de que el éxito o el fracaso de nuestra gestión depende de las competencias conversacionales que tenemos, porque las conversaciones abren o cierran posibilidades.

Cuando digo "con nosotros mismos", hablo de diálogo interno, pensamiento. Cuando usted piensa, mantiene una conversación interna, privada. Por ejemplo, al leer estas páginas, registre cómo usted acompaña mi conversación con una suya interior. Esa conversación privada con usted mismo, que está descubriendo y con la que empieza a tomar contacto, es la que lo lleva a la acción. Está funcionando las 24 horas del día, y además emite juicios, esto es, califica y se hace cargo de lo que escucha, de lo que ve y de lo que siente.

A veces no logramos nuestros objetivos porque no tenemos consciente esa conversación privada. Cuando usted se dice "Esto no va funcionar" o "Esto es difícil para mí, es imposible", ¿qué pasa con su acción? Se anula toda posibilidad.

Si digo "Pedro es incompetente", ¿qué me pasa con Pedro? Lo estoy descalificando, por lo tanto esa conversación privada influye directamente en mi acción, en mi relación con Pedro y en el resultado que estoy queriendo alcanzar.

Si estoy conversando con alguien, hay una conversación pública, que todos pueden escuchar, más dos conversaciones privadas: la mía y la de la otra persona. Por lo tanto, cuando estamos conversando, estamos escuchando dos conversaciones a la vez: la privada y la pública. Muchas veces pensamos que lo que oímos en nuestra conversación privada es lo que dijo el otro. Otras veces, la conversación privada está plagada de juicios negativos acerca de la persona con la que nos estamos comunicando; sin embargo, en nuestra conversación pública decimos lo opuesto a lo que estamos pensando, ya que no queremos manifestar nuestra conversación privada. Y como en la conversación están presentes el lenguaje, las emociones y la corporalidad, las posturas, los gestos y otros signos no verbales (suspiros, lágrimas, cambios en el color de la piel, etc.) exteriorizan lo que se siente. La corporalidad muestra las posibles incongruencias entre el pensamiento y lo que se está diciendo.

El lenguaje

Al alma hay que crearla,
Inhalar lo que inspira,
Imaginarla: darle voz.
Encarnarla es la obra humana,
La humana fidelidad a sí,
Lo poético es escucharla,
Hacer de su soplo un verbo,
De ese verbo otro inicio,
Otra única creación.
Hugo Mujica[4]

Podemos usar el lenguaje de dos maneras. Una, para describir lo que vemos. Por ejemplo: "Esta sala tiene paredes blancas, un escritorio, una silla y una computadora". Esto existe, y uso el lenguaje para describir lo que veo.

La otra, que es la forma más poderosa del lenguaje, es el lenguaje generativo, que genera realidad. Primero existe la palabra y luego viene la acción. Hay un antes y un después de la palabra. Me pregunto: ¿cuántos "sí" ha dicho que le cambiaron la vida? Un sí a una pareja, un sí al trabajo, un sí a un hijo, a un estudio, etc. El "sí" y el "no" son palabras declarativas, que marcan un antes y un después, porque el mundo cambia en el momento de pronunciarlas. Este es el lenguaje generativo, que genera realidad y hace que las cosas sucedan. Generamos nuestro futuro a partir del lenguaje. Ge-

---

4. Mujica, Hugo: *Lo naciente. Pensando el acto creador.* Editorial Pre-textos, Valencia, 2007.

neramos relaciones, armamos estrategias, tomamos decisiones a partir del lenguaje. Por ejemplo, queremos concretar un negocio, promover un acuerdo, establecer un vínculo. ¿Qué hacemos? Nos encontramos a conversar. Y a partir de ese encuentro y esa conversación, generamos realidad.

Entonces, nos empezamos a dar cuenta de que el lenguaje es muy poderoso, porque de acuerdo con lo que diga o se diga se van a generar acciones y resultados concretos. Los humanos nos diferenciamos del resto de los seres vivos en que podemos reflexionar en el lenguaje acerca de lo que decimos y hacemos.

También, el lenguaje genera ser. Es importante señalar el carácter lingüístico de la persona: tanto ella como su mundo son construcciones lingüísticas. Si yo digo: "Darío, ¿vos quién sos?", Darío me va a contar una historia que lo caracteriza, y esa historia es lo que lo representa. De la misma manera, las empresas generan su identidad a partir del lenguaje.

Si nos damos cuenta de esto, advertimos cuánto más importante es una conversación de lo que pensamos.

Como dice Maturana, "Las conversaciones abren nuevas posibilidades y concretan nuevas oportunidades (...) Las conversaciones determinan lo que es posible y la efectividad en el desempeño. Cambiemos nuestras conversaciones y crearemos un mundo distinto"[5].

Conversaciones de no posibilidad

Siguen ejemplos de algunas conversaciones que reflejan los paradigmas vigentes en un momento determinado.

"Todo lo que puede ser inventado, ya ha sido inventado." Charles H. Duell, 1899. Comisionado, Oficina de Patentes de los Estados Unidos.

---

5. Comunicación personal del autor.

"Las máquinas voladoras más pesadas que el aire son imposibles." Lord Kelvin, 1895. Presidente de The Royal Society, Londres.

En 1878, Western Unión rechazó los derechos al teléfono al afirmar: "¿Qué uso puede darle la compañía a un juguete eléctrico?".

Más acerca del teléfono: "Un invento asombroso, pero ¿quién querría alguna vez usar uno?". Rutherford B. Hayes (1877-1881), presidente de los Estados Unidos, 1924.

"Creo que existe un mercado mundial para cerca de cinco computadoras". Thomas J. Watson, presidente de IBM, 1943.

"No existe una razón para que cualquier individuo tenga una computadora en su hogar". Ken Olsen, presidente de Corporación de Equipo Digital, 1977.

"Este teléfono tiene demasiados defectos para considerarlo seriamente como un medio de comunicación. El artefacto no tiene un valor inherente para nosotros". Memorando de la Western Union, 1876.

"640 K deben ser suficientes para cualquiera." Bill Gates, cofundador de Microsoft, 1981.

En estas frases, se ve claramente cómo se cierran oportunidades mediante declaraciones categóricas. En cualquier aspecto de la vida, hay reglas que se consideran verdades hasta que llega alguien que demuestra lo contrario. Esto depende de quién lo ve y de cómo lo vea. Fíjese cómo cambiamos a partir de que alguien piensa que algo es posible.

Un gerente de una empresa importante pidió ayuda a RR.HH. porque tenía inconvenientes para manejar a su equipo, de importancia estratégica para la organización. Comenzamos a trabajar con coaching e indagando acerca del significado del liderazgo en su historia personal; apareció una conversación privada de no posibilidad debido a una experiencia que él había tenido a los diez años. Iba a un colegio religioso y, siendo líder de los juegos en el recreo, debido a una caída de uno de los chicos, un cura lo hizo responsable de lo que había ocurrido y le dijo: "Nunca más vas a ser el líder del grupo; si no, te expulsamos del colegio". Aunque él ya era un gerente importante, aquel mandato generó en él una conversación que le impedía desarrollar su liderazgo de una manera más efectiva. Eso había ocurrido en el pasado y lo tenía olvidado a nivel consciente. Al descubrirlo a través de la indagación, le pudo dar un significado diferente y su manera de relacionarse con su equipo mejoró sustancialmente. Luego, trabajamos para que fuera un equipo de alto desempeño y lo logró, con resultados extraordinarios para la organización.

Ejercicio N° 13. Descubriendo nuestras conversaciones de no posibilidad

Evoque y relate –por escrito, en su libreta o archivo– alguna experiencia donde haya estado atrapado en alguna conversación de no posibilidad. Reproduzca la situación y las palabras con la mayor exactitud que pueda. ¿Qué pasó?

Si en algún momento cambió la conversación, ¿apareció un resultado diferente?

Si esa conversación de no posibilidad perdura todavía, cámbiela por otra de posibilidad. Por ejemplo, si usted se decía "Eso es imposible para mí" o "No soy capaz para esto", cambie esa conversación por: "Es una posibilidad. Buscando información o aprendiendo, es posible" o "¿Por qué no? Es un buen desafío", etcétera.

Registre ambos cambios.

Fernando Flores[6] distingue las conversaciones para la acción de las conversaciones para posibilidades. Las primeras "comprometen a actuar", mientras que las segundas

---

6. Flores, Fernando: *Op. cit.*

"producen oportunidades para comprometerse en una acción". Las conversaciones para la acción son "aquellas mediante las cuales logramos que las cosas se hagan": Pedro solicita una reunión, Carlos acepta la solicitud de Pedro. En este tipo de conversación hay un pedido y una promesa de que ese pedido será cumplido. Un ejemplo de una conversación de posibilidad: Silvia y Juan de RR.HH. quieren reunirse para tener una conversación acerca de las distintas posibilidades de capacitación. Esto es algo que se logrará en caso de que se tomen acciones al respecto.

Las conversaciones tienen dos aspectos: hablar y escuchar. En general, se piensa que los problemas en la comunicación tienen que ver con el hablar. Esto es sólo una parte; la otra tiene que ver con la importancia de saber escuchar.

La escucha

*Hay que oír sin abandonar
la escucha,
para que no sólo lo que se oyó se oiga,
para que también lo que no se oye se diga.*
Hugo Mujica[7]

Tal como dijimos al hablar de los sistemas representacionales, si percibimos el mundo a través de todos los sentidos: la vista, el oído, el olfato, el tacto, el gusto y, además, las emociones, entonces, escuchamos no sólo con el oído, sino con todos nuestros sentidos.

Si hablamos de "oír", hablamos de sonidos, sin embargo existen otros componentes en el acto de la escucha, referidos a la percepción que tenemos acerca del que habla, por ejemplo, consideramos su postura, sus gestos, las características de su voz, tono y velocidad, la respiración, la emo-

---

7. Mujica, Hugo: *Op. cit.*

cionalidad, etc. Tanto la postura como los gestos son elementos fundamentales en la escucha, ya que por ejemplo decir "no" con la cabeza mientras estamos diciendo "sí" con la palabra, presenta una incongruencia en lo que la persona está diciendo. Lo mismo que si digo "¡Estoy muy bien!", pero tengo los labios y los ojos hacia abajo y el mentón contraído. A veces, también podemos encontrar incongruencias entre el contenido del discurso y el tono en el que se expresa. Si esto ocurre, seguramente hay una diferencia entre su conversación privada y la pública. El tono a veces tiene un carácter agresivo aunque el contenido no lo sea y las personas reaccionan más a raíz del primero (lenguaje no verbal) que del segundo (lenguaje verbal). Es frecuente que las dificultades en la comunicación tengan más que ver con estas incongruencias. Escuchamos e interpretamos también lo que estamos viendo en la corporalidad. Esto hace que la escucha no sea limpia sino filtrada, como dijimos, con nuestra propia conversación privada que está interpretando lo que percibe.

Todo ello incide en la comprensión de lo que se escucha, que es diferente para cada individuo. Cuando dos personas conversan, cada una tiene su propia percepción, su propia historia personal y social, sus propias necesidades e inquietudes y sus propias interpretaciones. Por lo tanto, hablar no garantiza escuchar. De acuerdo con Rafael Echeverría[8], "cada cual dice lo que dice y escucha lo que escucha". Escuchar no es solamente "oír" sino que es necesario "interpretar" lo que el otro nos está queriendo decir; hay una brecha entre lo que percibimos y lo que escuchamos. Las personas no se dan cuenta de que escuchan mensajes diferentes porque llenan esa brecha con sus propias interpretaciones a través de sus conversaciones privadas o diálogos internos.

---

8. Echeverría, Rafael: *Ontología del Lenguaje*, *Op. cit.*

Hablar no nos garantiza que seamos escuchados. En una comunicación, una persona dice algo y la otra escucha desde lo que interpreta, es decir, que no tenemos seguridad de que la interpretación del otro coincida con lo que estamos queriendo decir, y en eso se basa, por ejemplo, también la disciplina de la Mediación. Esto nos muestra el carácter activo de la escucha, ya que cada vez que escuchamos, estamos buscando dar sentido a lo que el otro está diciendo; esa búsqueda de sentido es la que nos orienta a decir lo que vamos a decir.

Recuerde que cuando escuchamos percibimos la conversación que mantengo con otro, la pública, y mi propia conversación interna, la privada, que muchas veces difiere de aquella.

Los problemas en la comunicación surgen de esta incongruencia, cuando elegimos no expresar, callamos nuestra conversación privada, lo que estamos pensando, lo que nos pasa, por miedo, vergüenza, orgullo, etc., hacemos de cuenta que nada sucede: decimos que sí cuando en realidad no queremos o no estamos dispuestos a hacer algo; y, si lo hacemos, sentimos que nuestra conversación privada se agranda, nos agobia, y genera una emocionalidad de rabia; muchas veces, de resentimiento y, otras, de resignación.

En ocasiones creemos que escuchamos lo que el otro nos dijo cuando, en realidad, lo que escuchamos es nuestra propia conversación privada, nuestra interpretación de sus palabras.

A partir de saber que las conversaciones están íntimamente ligadas con las emociones y la corporalidad, vamos a ir desarrollando un nuevo observador que registrará esos pensamientos que nos llevan a tener conflictos o a no alcanzar un objetivo. Es muy importante tenerlas conscientes cada vez que no podemos lograr algo. Por ejemplo, si no estoy pudiendo aprender un idioma, hacer actividad física, desarrollar una estrategia comercial, etc., detectar mi pensamiento, mi conversación privada, me dará la clave de qué me estoy diciendo para no poderlo alcanzar. Seguramente, encontraré frases como "Es difícil", "No voy a poder", "Ahora no", "No es para mí", "Me cuesta", etcétera.

En la conversación privada está la clave de la dificultad. A medida que nos hacemos más conscientes de ella, podemos lograr los cambios que necesitamos en nuestra vida. Afortunadamente, podemos cambiar esas conversaciones por otras que abran posibilidades. Por ejemplo: si hablamos de desarrollar una estrategia comercial, en lugar de pensar acerca de lo difícil que resulta o de lo incapaces que nos sentimos, deberíamos decirnos: "Es una buena oportunidad para emprender este nuevo desafío" o "¿Qué tengo que aprender para poder hacerlo?". Y además, registrar cómo cambian las emociones a partir del cambio de conversación.

Al cambiar la escucha que tenemos, nuestros modelos mentales se amplían y empezamos a ver posibilidades que antes no veíamos.

Reflexione: ¿cuánto de esas conversaciones privadas hace público? ¿Con quién comparte un poco más de esa conversación privada? Algunas veces, puede ser la pareja; otras, una amiga o amigo.

Cuando una empresa me convoca por un problema en el grupo de trabajo, observo, exploro, no sólo lo que me dicen sino también lo que callan, ya que allí seguramente se esconde el motivo del conflicto.

Es diferente hacer silencio que callar: cuando yo callo, no hay silencio en mi mente. Esa conversación privada sigue, no solamente en mí, sino en cada uno de los miembros del grupo, y se detecta a partir del clima emocional que se genera entre ellos. Lo que los miembros del equipo están callando afecta directamente su desempeño y la manera de relacionarse como tales.

Callar nos enferma, nos paraliza. Aunque creamos que no pasa nada porque no lo decimos, esa conversación privada la llevamos adentro, con nosotros, todo el tiempo, de día, de noche, en casa, en el trabajo, con la familia. Muchas veces callamos por miedo a las consecuencias, creyendo que el otro se va a enojar si le decimos lo que sentimos o nos pasa; tarde o temprano, eso que callamos aparece en el comportamiento y en la manera de relacionarnos. Las consecuencias terminan siendo peores que las de hablar. El otro ni se entera de lo que tenemos en la cabeza y no comprende nuestras actitudes. Nos hacemos una imagen, una representación interna en la que el otro se enoja con nosotros, creemos en ella y pensamos que es verdad, que las consecuencias serán terribles cuando, en realidad, el otro está en su propio mundo, sin tener conciencia de nuestra emocionalidad.

Para distinguir las diferencias que existen entre la conversación pública y privada, le propongo una variación de un ejercicio que utiliza Rafael Echeverría en su programa de formación de coaches, basado a su vez en una técnica propuesta por Chris Argyris en su libro *On Organization Learning*. Lo ayudará a descubrir su propia conversación privada.

Ejercicio Nº 14. Explorando la conversación privada

Piense en alguna situación personal o laboral en la que hubo una dificultad con alguna persona. Escriba a la izquierda la conversación pública que tuvo con ella como si fuera un libreto. Y, a la derecha, escriba qué se dijo a sí mismo en su conversación privada, lo que pensó y no dijo.

Por ejemplo:

La conversación pública	La conversación privada
Yo: —Juan, ¿qué te pasó, que llegaste tan tarde?	Últimamente parece desinteresado, o disconforme. Ya es la tercera vez en dos semanas que se atrasa.
Juan: —Sí, te pido disculpas, pero el tránsito era un caos, y después tardé en encontrar estacionamiento	Me suena a excusa: si no es el tránsito, es que no se sentía bien, o cualquier otra cosa. Desconfío de él. Esto no me está gustando nada.
Yo: —Está bien, recuperaremos el tiempo. Te hago un resumen de la reunión y te lo mando por mail.	Como si me sobrara el tiempo...
Juan: —Gracias, y enseguida te mando mis opiniones.	No sé si será tan enseguida ni si servirá; como no estuvo presente, le va a costar ponerse al tanto. Siempre me hace lo mismo. Cada vez es más incompetente.

Reflexione

¿De qué se da cuenta? ¿Qué juicios encuentra en su conversación privada, que no ha manifestado en la pública? Sobre la base de la columna derecha, ¿cómo cree que se está relacionando con esa persona y cuántos de sus juicios están afectando la interacción? En el ejemplo dado, si creo que Juan es incompetente, me relacionaré con él desde esa etiqueta, y tarde o temprano voy a confirmar lo que pienso. En cambio, si converso con Juan, en forma clara, específica y sincera acerca de la situación, podré comprobar si está o no capacitado para hacer lo que espero o necesito de él.

La escucha efectiva

Rafael Echeverría[9] presenta algunas de las herramientas básicas que pueden llevarnos a reducir la brecha entre percibir y escuchar:

1. verificar escuchas,
2. compartir inquietudes y
3. indagar

Verificar escuchas

Dado que las palabras tienen distintos matices de significado para cada persona, cuando converse con alguien, es importante que verifique si lo que interpretó es lo que el otro le ha querido decir, y si lo que el otro interpretó tiene que ver con lo que usted quiso decir. En una conversación de coaching, si un cliente le plantea una dificultad para lograr un objetivo, chequee su propia escucha contándole lo que usted entendió y preguntándole si es así. Chequear escucha es fundamental ya que, como dijimos, cada persona puede hacer una interpretación diferente de algunas palabras. Nos permite estar seguros de que lo que entendimos es lo que el otro nos está queriendo decir. En la vida cotidiana, también muchas veces nos ocurre que pidamos algo a alguien y el otro no pueda satisfacer nuestro pedido ya que no fuimos claros o el otro interpretó algo diferente de lo que le estábamos pidiendo o viceversa.

Compartir inquietudes

Una dificultad frecuente es no entender qué lleva al interlocutor a decir lo que dice. Por ejemplo: su jefe le pide que

---

9. Ibídem.

lo comunique a las 17 horas con González, usted asiente. Él repite la hora y el nombre, y usted comienza a sentirse incómodo. Un cuarto de hora más tarde, el jefe le hace el mismo pedido, y usted, ya un poco irritado, le responde que no se preocupe, que ha tomado nota y hará la llamada puntualmente. Él insiste: "No te vayas a olvidar de González"; ahora, usted está definitivamente enojado. ¿Qué ha sucedido? ¿Qué inquieta a su jefe que le dice lo que le dice? Está inseguro porque esa llamada es muy importante para él, y alguna vez usted, en efecto, se ha distraído, se ha olvidado. Usted, por su parte, no ha sabido escuchar su inquietud en vez de enojarse. Hay una conversación pendiente que no ha sido realizada, en la que su jefe pueda expresar su desconfianza y usted se responsabilice por lo ocurrido diciéndole, por ejemplo, "Sé que le he dado razones para desconfiar de mi memoria, pero ahora estoy muy organizado y puede quedarse tranquilo, le garantizo que esta vez lo recordaré".

La inquietud es lo que lleva a hacer o a decir algo. Muchas veces, la persona explica a quien la escucha para qué o desde qué experiencia, emoción o historia personal dice lo que dice, pero no siempre sucede lo mismo. Este conocimiento es importante en toda conversación, incluyendo las de coaching, donde se buscará que el cliente manifieste para qué está allí, cuáles son sus inquietudes, y el coach, a su vez, exprese las suyas.

Indagar

Indagando podemos entender el significado que el otro le está dando a lo que dice, y que, por su parte, ha entendido el mensaje que le estamos dando.

Aprender a indagar es uno de los aspectos fundamentales de la comunicación y del coaching. Nos permite obtener información específica y de alta calidad, lo más cercana

posible a la experiencia, disolver las limitaciones y conectarnos con recursos y posibilidades.

¿Para qué indagamos?

- Para que el interlocutor/cliente revele sus inquietudes.
- Para que dé a conocer su forma de observar las situa-
  ciones y detecte los cursos de acción que considera
  más adecuados.
- Para descubrir sus intereses.
- Para identificar sus limitaciones y preocupaciones.
- Para disolver el trasfondo de obviedad del interlocu-
  tor/cliente, desafiando juicios, conversaciones priva-
  das y públicas, historias y relatos.
- Para corroborar nuestras interpretaciones.
- Para comprender mejor al otro, acercándonos a su
  punto de vista.
- Para evaluar sus opciones.
- Para verificar sus posibles reacciones, identificando
  puntos neurálgicos de alta sensibilidad.
- Para encontrar oportunidades y posibilidades futuras.
- Para implementar acciones y definir nuevas realidades.

CAPÍTULO 7

EL SENTIDO
DE LAS PALABRAS

Quedé fascinada cuando me encontré con el siguiente artículo reproducido en castellano en el sitio web del compositor Stephen Nachmanovitch[1] acerca de los distintos significados de la palabra "genio", que comparto ahora con usted.

Una palabra cargada

Una amiga se escandalizó porque usé la palabra genio como título de este libro[2]. Para ella, genio implica exclusión: un club de élite formado por gente extraordinaria, excepcionales intelectos que refriegan sus coeficientes intelectuales entre sí, dejando al resto en el polvo. Lo curioso es que mi amiga es una de las personas más talentosas que conozco: extremadamente ingeniosa, artística y muy segura de lo que hace. Ella es —no sé de qué otra manera llamarlo— un genio en lo que ha elegido hacer. (...)

(...) Comenzamos con un desafío, la palabra genio, que se aplica generalmente a actividades o personas extraordinarias y no a alguien como nosotros. Sin embargo, veremos que las cosas no son como parecen. Estudiar al genio, el tuyo o el mío, abre las puertas hacia el conocimiento del poder de nuestra mente y nuestro cuerpo ordinarios, cotidianos. La palabra abarca un amplio espectro. Genio puede referirse a personas extraordinarias con imaginaciones frondosas, mucho coraje y libidos bohemios como Picasso. Genio puede referirse al atributo de un adulto que

---

1. Extraído de www.freeplay.com, en español.
2. Nachmanovitch, Stephen: *Free Play (La improvisación en la vida y en el arte)*. Paidós, Buenos Aires, 2004.

siempre está abierto a nuevos descubrimientos, como un niño de cuatro años. Durante siglos, el genio era visto como el espíritu guía que protege a cada uno de nosotros. La manera tan dispar en que la gente reacciona frente a las palabras es, para mí, un síntoma maravilloso de la deliciosa variedad de la vida.

En mi casa, uno puede llegar a ser considerado un genio si recuerda quitar las llaves de la cerradura luego de abrir la puerta de entrada.

Para algunos, el genio es el alma de la creatividad. Es la capacidad de crear o cambiar el mundo, aunque sea un poco, para no ser arrastrado mecánicamente por el mundo que nos es dado. Algunas personas consideran al genio como el pasaporte a la gloria y la inmortalidad. Otros, recordando antiguas tradiciones místicas, sostienen que los creadores y promotores de la civilización permanecerán en el anonimato, porque hacen su trabajo en silencio y con sencillez, en mil rincones ocultos, manteniendo vivo el mundo a pesar de sus crecientes dolores.

Genio puede ser una bendición, un don sagrado y particular. A través de esa bendición, las cosas se nos dan con facilidad: ideas, recursos, técnica, hasta dinero. Genio puede ser también una maldición que enreda a las personas en luchas y dificultades, como en la imagen del pionero víctima de la incomprensión y hasta de la opresión por parte de la sociedad y que es reivindicado, si lo es, años o siglos más tarde.

En la actualidad, hablamos de ser un genio, pero antiguamente hablábamos de tener un genio.

También, en algunos casos, se hablaba de ser tenido por un genio, en el sentido de estar poseído o dominado por una fuerza que no podemos controlar y que, sin embargo, está en lo más profundo de nuestro ser.

La sensación de estar en poder de un genio tal vez sea la experiencia más realista. El genio puede ser una vivencia o un estado que se presenta en cualquiera de nosotros en medio de un día muy normal, en esos momentos en que las cosas andan sobre ruedas. Tales vivencias pueden incluir la sensación de estar guiados por algún asistente oculto, o, simplemente, una ola de energía o de placer. Puede ser una vivencia del tipo "¡Ajá!": de pronto nos damos cuenta de algo que siempre estuvo delante de nuestras narices pero nunca lo habíamos notado.

La pura energía del genio nos puede sorprender y deslumbrar en cualquier momento, a pleno sol, bajo la lluvia, en plena oscuridad. Entonces, dependerá de nosotros hacer algo al respecto.

El texto transcripto muestra en forma muy accesible la multiplicidad de sentidos que cada palabra adquiere no sólo según la región, la época, la cultura grupal, sino para cada individuo.

Las palabras que utilizamos para describir una experiencia no son la experiencia misma, sino la mejor representación verbal que hemos sido capaces de construir de ella.

Las palabras tienen el poder de evocar imágenes, sonidos y sentimientos en el oyente. El lenguaje es una herramienta de comunicación y, como tal, las palabras significan lo que la gente acuerda que signifiquen, por eso el sentido que les damos no siempre coincide con el que les atribuye nuestro interlocutor. ¿Cómo sabemos si nos hemos entendido? Las fallas en la comunicación suelen producirse, por lo tanto, debido a que las palabras tienen distintos significados para diferentes personas.

Por ejemplo, si alguien dice "silla" o "mesa", que tienen un significado compartido en nuestra cultura, sabemos de qué está hablando, compartiendo la interpretación, aunque cada uno arme su propia representación interna con el modelo, tamaño, color, material, etc., particulares. Pero si esta persona usa abstracciones, que no están asociadas a un objeto determinado, por ejemplo responsabilidad, compromiso, confianza, competencias, etc., aunque ellas tengan una definición compartida, que encontramos en el diccionario, también tienen acepciones individuales que dependen de la experiencia, la historia de cada uno. En este caso, preguntar qué es "ser responsable" para el que lo dice nos permitirá ajustar la comunicación.

Este es un aspecto fundamental en el proceso de coaching, una de las distinciones más básicas que necesitamos los coaches para comprender el mapa mental del cliente. Indagar acerca del significado que este da a las palabras que está usando nos permitirá separar el hecho de la interpretación, acercarlo a la experiencia concreta vivida, y encontrar otras maneras más funcionales de interpretar esa situación.

Para ampliar nuestra comprensión del lenguaje, quiero sumar el aporte de Richard Bandler y John Grinder[3] que he usado como eje para desarrollar este tema.

Estos autores dicen que los seres humanos utilizamos el lenguaje de dos maneras.

En primer lugar, lo usamos para representar el mundo, actividad que denominamos razonar, pensar, fantasear, ensayar. Al emplear el lenguaje como sistema representacional, estamos creando un modelo de nuestra experiencia. Este modelo está basado en las percepciones que tenemos del mundo.

Hemos dicho y repetido que los problemas y las posibilidades no están en el mundo sino en nuestra manera de ver la situación. Si yo pongo el foco en el talento y la inspiración, encontraré talento e inspiración. En cambio, si me enfoco en los problemas y las dificultades, encontraré problemas y dificultades.

Hay personas que tienen un modelo mental orientado a evitar los problemas y otras a ir hacia las posibilidades. Detectar cómo pensamos y dónde ponemos el foco nos da una pauta clara de cómo nos movemos en el mundo y, como consecuencia, los resultados que obtenemos. Lo importante es estar orientado a objetivos más que a dificultades; darnos cuenta de qué queremos lograr, hacia dónde queremos ir y encontrar los recursos para que eso sea posible. Estar orientados hacia objetivos nos permite generar, a partir del lenguaje, un futuro de posibilidades.

En segundo lugar, utilizamos el lenguaje para comunicarnos unos a otros nuestra representación del mundo. Cuando empleamos la lengua para comunicarnos lo denominamos hablar, discutir, escribir, conferenciar, cantar, etc. Al usar el lenguaje para comunicarnos estamos presentando a otros nuestro propio modelo.

---

3. Grinder, John y Bandler, Richard: *Estructura de la magia I. Op. cit.*

Cuando hablamos de palabras estamos hablando de la *representación lingüística* que nos hacemos del territorio. De acuerdo con Seymour y O'Connor[4], "el mundo es tan vasto y rico que para darle sentido tenemos que simplificarlo. Hacer mapas es una buena analogía para lo que hacemos, es la manera como damos significado al mundo. Los mapas son selectivos, dejan de lado información al mismo tiempo que nos la brindan, y son de un valor incalculable para explorar el territorio. El tipo de mapa que usted haga dependerá de lo que vea y de dónde quiere llegar (…) El mundo es siempre más rico que las ideas que tenemos sobre él (…) Que las personas tengan mapas y significados diferentes, añade riqueza y variedad a la vida".

Es decir que al hablar damos un sentido a las palabras, un significado, que está relacionado con lo que estas palabras representan para cada uno de nosotros.

El metamodelo del lenguaje

Cuando los seres humanos nos comunicamos –hablamos, argumentamos, escribimos– por lo general no estamos conscientes del proceso de selección de palabras que utilizamos ni de los modos como las ordenamos para presentar nuestra experiencia. A pesar de eso, el proceso de utilizar el lenguaje es altamente estructurado. Es un sistema, por lo tanto tiene un conjunto de reglas que identifican qué secuencias de palabras tendrán sentido. Dicho de otro modo, nuestra conducta al crear una representación o al estar comunicándonos está gobernada por reglas o normas que han sido estudiadas por la Gramática Transformacional, uno de cuyos grandes representantes es Noam Chomsky[5], quien nos

---

4. O'Connor, Joseph y Seymour, John: *Introducción a la PNL.* Urano, Barcelona, 1990.
5. Chomsky, Noam. Citado en Grinder, John y Bandler, Richard: Ibídem.

legó, entre otros, el concepto de **estructura superficial** y **estructura profunda**.

La estructura superficial es el conjunto de las expresiones verbales que se manifiestan; se origina en la estructura profunda, que es la representación lingüística más plena de la suma total de las vivencias y experiencias de la persona.

Basándose en las grandes diferencias existentes entre las dos estructuras mencionadas, Bandler y Grinder elaboraron una serie de preguntas o desafíos que nos permiten obtener información precisa y de alta calidad, lo más cercana posible a la experiencia. Esta serie de preguntas, conocida como **metamodelo del lenguaje**, es una fórmula simple que nos permite conectar el lenguaje con la experiencia.

Aprendiendo a indagar

Preguntas o desafíos del metamodelo del lenguaje:

- ¿Todos?
- ¿Nadie?
- ¿Nunca?
- ¿Nada?
- ¿Hay alguno que sí/no?
- ¿Hubo alguna vez...?
- ¿Qué pasaría si...?
- ¿Qué le impide...?
- ¿Qué, específicamente?
- ¿Quién?
- ¿Cuándo?
- ¿Dónde?
- ¿Cómo?
- ¿Cuál?
- ¿Para qué?
- ¿Comparado con qué?

– ¿Cómo lo sabe?
– ¿Quién lo dice?
– ¿Cómo puede hacer usted para cambiar la situación?

Al utilizar estas preguntas logramos movilizar los recursos necesarios para enriquecer y ampliar la representación del mundo y, de allí, facilitar la transformación.

En las siguientes secciones presentamos ejemplos de aplicación del metamodelo.

Instrumentos de las representaciones verbales

Debido a la multiplicidad de estímulos que recibimos desde el exterior a través de nuestros sentidos y dado que no podemos dar cuenta de todos ellos de manera simultánea, utilizamos tres procesos universales del modelo humano para filtrar la información: la **supresión**, la **generalización** y la **distorsión**. De esta manera, creamos representaciones internas de nuestras experiencias y vivencias. Al hablar y comunicar nuestras representaciones, hacemos un nuevo proceso de filtrado, es decir, otra vez suprimimos, distorsionamos y generalizamos información ya que no nos sería posible transmitir todo.

En este caso, haré un abordaje sencillo. En algunos de los procesos, seré más detallista a los fines de lo que les estoy queriendo transmitir.

Supresión o eliminación

Es el proceso por el cual filtramos o excluimos partes de nuestra representación personal del mundo, y prestamos atención selectiva a otras.

En el coaching, el coach debe ser capaz de detectar si ha habido una supresión lingüística y, en ese caso, cuáles son las piezas eliminadas del modelo, porque la descripción incompleta es insuficiente para el coach y constituye un modelo empobrecido para el cliente. Cuando este comienza a recuperar las partes ausentes, emprende su proceso de cambio.

Si el cliente dice: "Tengo miedo", el coach tiene que indagar acerca de la parte que ha sido suprimida, preguntando, por ejemplo, "¿De qué tiene miedo, específicamente?". "¿Cuándo?" "¿Dónde aparece?" "¿Con quiénes?"

Con la respuesta, el cliente da –y al mismo tiempo obtiene– información, toma conciencia de la limitación, queda en condiciones de expandir su modelo del mundo, y puede desplazarse hacia una representación más plena: la estructura profunda.

Otros ejemplos de supresiones y la indagación correspondiente:

Ellos dieron la orden	¿Quiénes, específicamente?
No les interesa.	¿A quiénes? ¿Qué es, concretamente, lo que no les interesa?
Dejaron el proyecto sin terminar.	¿Quiénes?
Falta orden.	¿Dónde? ¿Cómo?
Es el peor vendedor.	¿Comparado con quién?

Muchas veces, nos comparamos con personas de un estándar demasiado alto. Las palabras comparativas son más que, menos que, mejor, bien y mal, cualquier palabra que indique una evaluación contra una medida. Cuando se retira esa medida ficticia, se pone de manifiesto la dificultad de entender el verdadero significado de la aserción.

Por ejemplo, una clienta me dice "Soy mala jugando al tenis". Si le pregunto "¿Comparada con quién?", y me contesta "Comparada con Gabriela Sabattini", puedo allí mostrarle el estándar alto que está tomando de referencia. Darse cuenta de esto le da la posibilidad de valorarse, y ubicarse en un contexto más adecuado.

Generalización

Es el proceso por el cual una parte del modelo que una persona tiene en su mente es separada de la experiencia original para representar una categoría más amplia de la cual la experiencia es un ejemplo.

Es una de las formas más empobrecedoras y la más usada. Se expresa mediante palabras como *nadie, todos, nada, todo, siempre, nunca*. La persona ha generalizado una experiencia concreta para que sea verdad en todas las circunstancias.

Nadie colabora conmigo.	¿Nadie? ¿Hay alguien que sí?
Nunca me escuchan.	¿Nunca? ¿Alguna vez lo escucharon?
Siempre cometo los mismos errores.	¿Siempre? ¿Hubo alguna vez que no?

Si, a partir de la indagación, el coach puede lograr que el modelo mental del cliente sea lo más específicamente detallado y rico, distinguiendo contextos, recursos, personas, tiempos antes no reconocidos, habrá un cambio en la manera de ver la situación que permitirá al cliente reconectar la generalización de su modelo del mundo con la experiencia real.

Otra forma de generalizar son las frases limitantes. Comienzan con términos como: *debo, tengo que, debería, no se debe, no tengo que, no debería, no puedo*. Indagando, el coach consigue que el cliente haga descubrimientos sobre sí mismo y recupere recursos.

No puedo trabajar solo.	¿Qué se lo impide? ¿Ha habido alguna ocasión en la que sí?
Tengo que terminarlo hoy.	¿Qué pasaría si no lo hiciera?
No debo decirlo.	¿Qué se lo impide? ¿Qué pasaría si lo dijera?

De esta manera, el coach invita al cliente a identificar y encarar la realidad de los obstáculos, ya sean imaginarios o verdaderos, y a conectarlo con la posibilidad. Es importante considerar las posibilidades más que las necesidades, hacer un desplazamiento de enfoque, observar lo que se puede hacer, las opciones más que las limitaciones. Frecuentemente, pensamos que las barreras son mucho más insalvables que lo que son.

Por otro lado, generalizar es esencial, ya que no solamente nos permite no repetir determinadas situaciones dolorosas, sino también evitar aprendizajes ya hechos. En el primer caso, por ejemplo, un niño que juega con un cuchillo y se corta, cada vez que vea un cuchillo, recordará que es peligroso. De esa experiencia dolorosa hará una generalización que le servirá de aprendizaje. También puede suceder que evite todo objeto de metal, porque ha concebido una pauta equívoca: "Todo lo que es de metal lastima". Este tipo de generalización es el que cierra posibilidades.

En el caso de aprendizaje, si yo veo el picaporte de una puerta y sé que esta se abre tomándolo y moviéndolo hacia abajo o rotándolo, cada vez que vea un picaporte, no necesitaré pensar de nuevo cómo hacerlo, sino que lo haré automáticamente.

El mismo proceso de generalización puede llevar a una persona a establecer una creencia, por ejemplo, "los hombres no lloran". Una creencia así puede ser útil en un determinado contexto, por ejemplo, haciendo un negocio. Sin embargo, en otro contexto, como el área personal o afectiva, con su pareja, sus hijos, sus amigos, esta creencia estará

limitando seriamente la posibilidad de compartir sus sentimientos. Esto lo puede llevar a desconectarse, resignarse,
enojarse o somatizar. Aquí, vemos cómo esa pauta es útil o
no de acuerdo con el contexto en el que es utilizada.

Distorsión

Es el proceso por el cual las representaciones del modelo
mental de la persona han sido deformadas, por eso limitan
su capacidad para actuar y generan una emocionalidad disfuncional.

También es el proceso que hace posibles las creaciones
artísticas. El uso de la fantasía y la imaginación nos prepara
para las cosas antes que sucedan. Por ejemplo: ensayar un
discurso, imaginarnos cómo va a ser una entrevista.

No se puede trabajar en equipo.	¿Cómo lo sabe? ¿Quién lo dice?
No valoran mi trabajo.	¿Cómo lo sabe?
No me saluda, está enojado conmigo.	¿Cómo lo sabe?
Me hace trabajar mal.	¿Qué podría hacer usted para trabajar de otra manera?

La última frase muestra que un sujeto tácito está cau-
sando un efecto en el que habla. Una forma en que los seres
humanos distorsionamos nuestros modelos es dejando la responsabilidad de determinadas conductas en otro cuando,
en realidad, están bajo nuestro control. Este tipo de tergi-
versación se llama causa distorsionada, y muestra confusión
entre la causa y el efecto.

Su forma de ser me irrita.	¿Cómo, específicamente? ¿De qué manera?
Me pone nervioso.	¿Qué podría hacer usted para cambiar la situación?

En estos dos casos, una persona adjudica a otra la responsabilidad de su propia emoción. A partir de la indagación, el coach desafía el modelo para que el cliente se haga cargo de lo que siente, se conecte con sus experiencias, y reconozca y modifique sus distorsiones limitantes.

En el caso de las distorsiones, quiero ser más específica en su descripción, ya que considero que son fundamentales para el proceso de cambio.

Se clasifican de la siguiente manera:

Lectura de mente

Veo que está molesto.   ¿Cómo se da cuenta?

Sé por qué ha hecho eso.   ¿Cómo lo sabe?

En estos ejemplos, el que habla pretende saber lo que la otra persona piensa o siente. La pregunta del coach lo ayuda a conectarse de nuevo con la conducta en lugar de centrarse en la interpretación.

A mi jefe no le gusta cómo trabajo.

El coach podrá desafiar esta oración preguntando al cliente cómo lo sabe, si su jefe se lo manifestó, etc., usando las preguntas clave que hemos visto. De este modo, identificará aquellas interpretaciones que empobrecen su modelo y limitan las posibilidades de la persona.

Nominalización

Se trata de reemplazar el verbo (la acción) por el sustantivo (la cosa).

Es importante la comunicación.   ¿Cómo desea comunicarse?

Necesito libertad.   ¿Cómo se liberaría?

El objetivo del coach es que el cliente reconecte su modelo lingüístico con los procesos dinámicos en transcurso, ya que aquello que el cliente había considerado como un acontecimiento terminado y fuera de su control, puede ser modificado.

Cuando un cliente dice "Quiero alegría", está usando un sustantivo. Entonces ve su objetivo como algo muy lejano, difícil o imposible de lograr. Si el coach le pregunta "¿Qué lo alegra?", "¿Cómo se alegra?", "¿Cuándo se alegra?", es decir, usa el verbo, el cliente se puede dar cuenta de que estar con sus hijos, cenar con su pareja, terminar un trabajo, practicar un deporte o cualquier otra acción es capaz de alegrarlo. De esta manera, pasa de una estructura de superficie a una estructura profunda del lenguaje.

Creencia

Esta es la forma correcta de hacer el trabajo.	¿Quién lo dice? ¿Cómo lo sabe?
La duda no es buena.	¿Quién lo dice? ¿Cómo lo sabe?

Este tipo de enunciado tiene lugar cuando quien habla, al enunciar una creencia, la expresa como si se tratara de una verdad.

Los desafíos que le opone el coach, le permiten reconocer que se trata sólo de una opinión que se transformó en un juicio de valor que se considera correcto e indiscutible. De esta manera, se abre la posibilidad de que existan opiniones diferentes y otras formas de ver la situación. Al preguntar ¿quién lo dice?, muchas veces se consigue que el cliente identifique su afirmación como un punto de vista, ni verdadero ni falso.

Estos tres procesos son necesarios y esenciales, ya que cada uno nos brinda posibilidades de acuerdo con la situación y el ámbito en el que son utilizados.

Ejercicio N° 15. Utilizando el metamodelo del lenguaje

- Piense en una situación que le genera conflicto. Escríbala.
- Luego, léala y detecte las generalizaciones, distorsiones y supresiones.
- Tomando cada una de ellas, desafíelas utilizando las preguntas del metamodelo del lenguaje.
- Reflexione qué ocurrió con la dificultad que presentó al comienzo.
- Recuerde que este ejercicio es excelente para indagar en el coaching.

Note que las transgresiones en el lenguaje muchas veces son utilizadas intencionalmente para motivar o liderar comportamientos; por ejemplo, en el lenguaje publicitario, medios gráficos, radiales, televisivos, en las campañas políticas. ("Es el mejor producto", "Somos la garantía de la democracia").

CAPÍTULO 8

ACTOS LINGÜÍSTICOS BÁSICOS[1]

Enfoquémenos ahora en observar el habla como acción. Cuando hablamos, los seres humanos ejecutamos actos lingüísticos. Hacemos afirmaciones y declaraciones. Dentro de las declaraciones, también emitimos juicios, hacemos pedidos y hacemos ofertas. Al pedir u ofrecer, establecemos promesas y compromisos.

Afirmaciones

Si usamos el lenguaje para describir lo que vemos, la palabra sigue al mundo. Si yo digo "libro", primero hay un objeto y luego la palabra que lo describe. A esto lo llamamos "afirmaciones". Cuando nombramos lo que vemos, expresamos lo que observamos.

Las afirmaciones pueden ser verdaderas o falsas, de acuerdo con la evidencia aceptada por los demás que genera consenso acerca de lo que se está diciendo. El hecho de que varias personas tengan la misma distinción de algo –de acuerdo con su cultura o costumbre– genera una convención

---

1. Basado en el libro *Ontología del Lenguaje* de R. Echeverría. *Op. cit.*

social, que hace que sus afirmaciones sean verdaderas para ellas. También, puede ocurrir que dos personas atribuyan diferentes colores al mismo objeto porque, por ejemplo, una de ellas es daltónica; o porque es un tono secundario ambiguo cuyo nombre ha cambiado según las épocas, o es distinto de acuerdo con la región, o el lenguaje propio de cada familia, como turquesa, aguamarina, calipso, celeste verdoso...

El objeto que describimos como "mate" es una distinción que compartimos culturalmente los argentinos. Para nosotros, esa calabaza se llama "mate" y tiene un uso específico conocido por todos. Sin embargo, en otra cultura, describir ese objeto como "mate" carecerá de consenso. La afirmación de que ese objeto es un mate es verdadera para nosotros ya que compartimos la misma distinción.

En otros casos, las afirmaciones tienen que ver con hechos, experiencias concretas, comprobables y compartidas. Si usted tuvo una reunión con su equipo de trabajo ayer a las 9:00 de la mañana y Carlos, que estuvo presente, sostiene que esa reunión no existió, podemos decir que la afirmación que hace Carlos es falsa.

Declaraciones

Las declaraciones constituyen la forma más poderosa del lenguaje. Austin[2] mostró el carácter activo del lenguaje, que Rafael Echeverría aborda en su libro *Ontología del Lenguaje*. Mediante las declaraciones, el lenguaje es generativo y hace que las cosas sucedan. La palabra declarativa es previa a la realidad y transforma el mundo. Piense una vez más cuántas cosas en su historia personal han cambiado a partir de la palabra pronunciada, actuada o pensada. ¿Cuántos "sí" –cuando eligió su carrera, cuando se casó, cuando

---

2. Austin, John: *Cómo hacer cosas con palabras*. Paidós, Buenos Aires, 1971.

tuvo hijos– y cuántos "no" –cuando renunció a un empleo, cuando rechazó una invitación, cuando se alejó de su ciudad natal– dijo en su vida que cambiaron su mundo y determinaron su historia? Declaraciones del directivo como "Hay que rehacer este trabajo" o "A partir de este momento, está desvinculado de la organización"; del padre, como "Esta noche no salen" o del docente, como "Para certificar, es necesario un examen final", generan nuevas realidades. Al declarar, tomamos decisiones, promovemos nuevos contextos, creamos posibilidades y construimos futuro. Las declaraciones no se clasifican en verdaderas o falsas, sino en válidas o inválidas de acuerdo con la autoridad conferida a quien las dice.

Cuando declaro lo que quiero ser, cómo quiero construir mi familia, qué voy a estudiar, cómo voy a trabajar, adónde me voy a ofrecer, marco un antes y un después de esas palabras. Las declaraciones tienen que ver con el poder: la acción es consistente con lo que se declara porque establece el compromiso de cumplirse para ser válida.

Un directivo construye su gestión a partir de sus declaraciones, en la medida en que tenga la autoridad para que esas declaraciones sean válidas. Veamos el siguiente caso: un jefe de planta me fue derivado por la empresa, debido a que generaba un clima de trabajo hostil, complicado y difícil. Él aceptó venir a verme ya que no sabía qué hacer para cambiar esa situación. Su estilo de liderazgo generaba malestar, resistencia y baja productividad en la gente. Al indagar acerca de su estilo de liderazgo, apareció un papá militar, sumamente autoritario, característica que él había adoptado como la única manera de "hacer" en la organización. La empresa estaba en un pequeño pueblo de la provincia de Buenos Aires. El jefe en cuestión creía que su autoridad lo habilitaba para hacer declaraciones también fuera de la empresa, esto es, intervenir en la vida personal de su gente, donde, obviamente, no eran válidas. El proceso de coaching le permitió darse cuenta, modificar su forma de ver la situación y resolver varios comportamientos que generaba su forma disfuncional de ejercer el liderazgo.

¿Cuántos "basta" que no dice hoy, le están haciendo falta para cambiar su vida? ¿Y cuántos "basta" ha dicho en el pasado que lo han puesto en la situación donde está hoy?

Esto es importante, porque en la medida en que usted pueda decir "¡Basta!" a los pensamientos que lo hacen sufrir, a las cosas que no quiere volver a hacer o no quiere que vuelvan a sucederle, le será posible rediseñar su vida, establecer vínculos nuevos, ejercer tareas nuevas, poner en práctica comportamientos nuevos, interrumpir círculos viciosos. Para ello, es necesario reflexionar antes de decir cualquier "basta", explorarse, verificar, y, luego, medir la manera más conveniente de decirlo (las palabras, el tono, la oportunidad) y hacerlo (habiendo evaluado los pros y los contras, haciéndose responsable de las consecuencias).

Es esencial que las posturas corporales durante cada una de las declaraciones sean congruentes con lo que se dice.

La queja

La queja es una conversación común a todos los seres humanos. Nos predispone a una emocionalidad que nos lleva a obtener resultados no deseados y nos introduce en un círculo vicioso del cual nos es difícil salir. Es como estar encerrado en una caja, dando vueltas siempre en el mismo lugar, alrededor de una emocionalidad limitante, paralizante, como rencor, resignación, rabia, culpa, angustia... Esta conversación privada, que muchas veces es pública, está latente en nuestro inconsciente, pasa a formar parte de nuestra personalidad y entonces actúa de manera constante y sin que nos demos cuenta. Si el lenguaje genera acción, ¿qué nos pasa con la queja? Al no cambiar el punto de observación, ejecutamos acciones cuyos resultados confirman nuestro punto

ACTOS LINGÜÍSTICOS BÁSICOS

de vista y justifican la retroalimentación. Por otro lado, llevamos la queja a casa, a nuestros hijos, a nuestra pareja, al trabajo, en una conversación interna y externa que nos agota mucho más que todo lo que hacemos en realidad. Entonces, ¿qué estamos transmitiendo a los que nos rodean? Si a mis seres queridos les transmito quejas, es probable que no sólo se conecten con ellas y sientan ellos también el peso que yo siento, sino que la queja pase a ser parte del relato o de la historia que se cuenta en nuestra familia.

Le doy una buena noticia: es posible cambiar la queja. Es cada uno el responsable de generar nuevas declaraciones. Estas dispararán una emocionalidad distinta para mejorar su calidad de vida.

En algún momento, tuvimos un sueño: elegimos una carrera para llegar a ser lo que queríamos ser, elegimos un trabajo, elegimos una pareja, elegimos ser padres. Cumplimos nuestros sueños de tener un trabajo, quizás en el lugar donde queríamos, sin embargo ahora nos quejamos, olvidándonos que fuimos nosotros quienes elegimos. Muchos trabajamos por necesidad, otros trabajamos con pasión por lo que hacemos; en ambos casos, elegimos. Si trabajamos porque necesitamos, y no nos gusta lo que hacemos, es también una elección. Seguramente esta elección nos conviene, porque gracias a ella podemos tener un sueldo que nos permite entregarles lo mejor a nuestros hijos o hacer actividades que nos dan placer. Desde ese lugar, si nos damos cuenta de que lo que hacemos, nos guste o no, lo hemos elegido y renovamos nuestra elección diariamente, la queja desaparece.

Creer que hay posibilidades, que somos capaces de optar por una alternativa, de rediseñarnos y de ganar una mejor calidad de vida es un pensamiento estratégico dirigido a adquirir la creencia de *se puede* trabajar en lo que nos gusta, estudiar lo que queremos, disfrutar, amar, recibir amor. Si transmitimos a nuestros hijos la cultura del trabajo desde el

149

placer, desde la pasión, generaremos personas que van a valorar el trabajo y van a sentir pasión por lo que hacen. A mí me pasó: transmití a mis hijos la pasión que sentía por mi trabajo. Llegaba a mi casa y compartía lo que me pasaba, mis logros. En ese momento, tenía la gran posibilidad de llevarlos conmigo para que fueran testigos de lo que yo estaba viviendo. Y puedo dar gracias porque hoy ellos sienten esa misma pasión por su trabajo. Hoy son dos personas que hacen bien lo que hacen porque lo aman. Es importante tenerlo en cuenta para generar hijos productivos, poder generar hijos que valoren la vida y lo que tienen. Estoy convencida de que las posibilidades están en el mundo para el que las quiera tomar, y sólo hace falta estar abierto para verlas.

Ejercicio Nº 16. Cambiar la queja

La siguiente actividad lo invita a que se conecte con alguna queja diaria –referida a una situación que lo tensione, canse o agobie, acerca de la familia, la pareja, usted mismo, el trabajo, el país, la situación económica–, haga consciente esa conversación que le genera sufrimiento e intente transformarla a partir de una nueva declaración.

Exprese la queja

1. A partir de este momento, un maravilloso espacio para la queja ha sido habilitado para usted. Va a encarnar la queja, va a *ser* la queja. Tome esa situación de su vida y, por escrito en su cuaderno o archivo de ejercicios, exprese con total libertad sus razones para quejarse y describa sus sentimientos. Utilice todo el tiempo que crea necesario para habitar por completo ese espacio.
2. ¿Quién o quiénes son los culpables de lo que le sucede? Anótelo.

3. Obsérvese y registre qué emocionalidad le dispara esta queja.
4. Reflexione cuántas veces le ocurre lo mismo en el día, en el mes, en el año.
5. ¿Cuánto de todo esto afecta la salud de su cuerpo, su mente y su espíritu?
6. La queja, ¿le ha servido para resolver el problema? Vuelvo a decirle que esa conversación está todo el tiempo en su interior y que de usted depende decidir qué va a hacer con ella.

   ¿Cree usted que con esta queja puede abrir posibilidades? Si cree que su pareja, sus hijos, su jefe, son los responsables de lo que le pasa, ¿qué margen de acción le queda a usted para solucionar sus problemas? Es necesario que empiece a darse cuenta de que si no se hace cargo de esa conversación, mientras ponga las cosas fuera de usted, va a ser imposible solucionarlas. Si los culpables están afuera, se sigue quejando y entra en resignación porque no puede hacer nada o, como no puede hacer nada, entra en rabia y resentimiento. No se hace cargo de lo que está generando. ¿Cuál fue su elección que lo llevó a estar como está? Por ejemplo, si usted siente que su jefe lo sobrecarga de trabajo y esto le produce un vínculo insatisfactorio con él, piense qué cosa eligió callar, hacer, omitir, ocultar, que le dejó la queja como única opción.

Transforme la queja

Le propongo ahora diseñar una nueva conversación, que reemplace la conversación de la queja.

1. **Declare: "¡Basta de quejas!".**
2. Reflexione acerca de cuál es su responsabilidad en esta situación.

3. Diseñe una nueva conversación que le permita pasar a una acción de posibilidad. Por ejemplo, comience: "Yo elegí callar por miedo, y me hago cargo. Hoy, quiero generar una nueva oportunidad: hablar con mi jefe acerca de mis necesidades y posibilidades".

4. Fije día y hora para mantener esta nueva conversación con su jefe.

5. Escriba esta nueva conversación dos veces. Léala en voz alta y, si quiere, hágasela oír a alguien cercano a usted, a fin de tener una opinión de un observador diferente.

6. Registre qué pasó con la queja, qué nueva emocionalidad aparece.

Seguramente ahora puede llegar a sentir alivio, claridad, ganas de cambiar, entusiasmo, etcétera.

A partir de esta nueva conversación, cada vez que aparezca una queja, usted va a poder decir "¡**No**! ¡**Basta de lamentos y culpas**! Es una elección mía", y la queja se disolverá para convertirse en acción positiva.

Y mientras dice esto, imagine qué cambiaría si se repite esta nueva conversación. Cómo estaría en su casa, con su familia, en el trabajo y, fundamentalmente, cómo cambiaría esto su calidad de vida. Somos humanamente poderosos porque tenemos la capacidad de acción, la capacidad de realizar nuestros sueños. Y es importante saberlo porque cuando lo encarnamos, como recién usted encarnaba la queja, nos damos cuenta de que "un mundo mejor es posible" y somos nosotros sus artífices. Celebremos lo que hemos logrado en la vida, lo que hemos podido construir.

Disculpas, error y gracias

¿Se acuerda de cuando su mamá le decía que las palabras mágicas que abrían todas las puertas eran "Perdón", "Por

favor" y "Gracias"? Estaba hablando de declaraciones básicas: la de *disculpas*, y la de *error*... "Perdoname", "Me equivo-
qué", así como "Te perdono", "Me perdono", "Creo que te
equivocaste", también marcan un antes y un después en la
comunicación, en la relación consiguiente y en el mundo
que estamos construyendo. En caso de no ser pronuncia-
das, generan resentimiento con el otro o con uno mismo,
culpa o rabia.

¿Agradezco con frecuencia lo que me dan? Cuando hacemos la declaración de **gracias**, es un gracias porque estamos recibiendo; hay un antes y un después en la manera de
relacionarnos. El corazón se abre para dejar entrar lo que el
otro nos da. Un buen ejercicio es levantarse a la mañana,
poner las manos en nuestro corazón y agradecer todo lo que
tenemos.

¿Sí, o no?

Algo fundamental es la tendencia a aceptar verbalmente
–por educación, respeto, miedo, compromiso, timidez y
hasta omnipotencia– algo que no se desea o no se puede
hacer o dar. En otros términos, le recomiendo que no diga
"sí" cuando quiere decir "no", porque esa conversación se
volverá en contra de usted y del vínculo, promoverá la queja,
el reproche y la victimización. Aprenda que no necesariamente la negativa implica agresión, abandono, desamor o
falta de generosidad. Es posible expresarla sin lastimar,
saber evaluar cuándo de verdad *no puede* o *no quiere* brindar,
no sabe, no tiene lo que se le está solicitando.

Declaración "Voy a ser"

Esta declaración es importante ya que me permite generar
el futuro que quiero para mí. Por ejemplo: voy a ser médico,
voy a ser arquitecto, voy a ser coach, voy a ser...

También, elegimos qué tipo de personas queremos ser: voy a ser cariñoso, voy a ser competente, voy a ser reflexivo, voy a ser exitoso, etcétera.

Todo lo que somos hoy partió de una declaración de "voy a ser…".

La declaración de *identidad* es tan fundamental que incluye y condiciona a todas las demás. Si la manifiesta con precisión en su conversación interna, también será evidente para los demás a través de su conversación pública, su expresión corporal, sus actitudes. El punto merece una profunda reflexión que le permita separar lo esencial de su *ser* de lo accidental de su *estar*.

Ejercicio Nº 17. Declaraciones

Haga tres nuevas declaraciones que necesita para generar un futuro de posibilidades y una mejor calidad de vida. Escríbalas, repítalas en voz alta y cuénteselas a sus seres queridos para sustentar su compromiso.

JUICIOS[1]

Entramos en un tema fascinante. Somos seres que vivimos haciendo juicios acerca de nosotros mismos, de los demás, de cada cosa que vemos, escuchamos y sentimos. Las historias que nos contamos están llenas de juicios. Los juicios construyen nuestra identidad. Los seres humanos hacemos juicios en un intento de dar sentido a nuestra vida y responder a la incertidumbre e inquietudes que nos genera el futuro. Si yo le pregunto a usted quién es, en la definición que haga, empezará a hablar acerca de las cualidades que tiene, lo que hace, lo que le gusta, etc. No es usual que alguien responda "soy mujer, mido 1,59 y peso 57 kilos...". Cuando calificamos, hacemos juicios acerca de nosotros mismos y acerca de los demás: bueno, malo, inteligente, eficaz, tierna, etcétera.

Si digo:

a. "Carlos es gerente de marketing de una empresa multinacional."

b. "Carlos es un muy buen gerente."

---

1. Basado en Echeverría, Rafael: *Op. cit.*, y Programa de Formación de Newfield Consulting.

COACHING PARA LA TRANSFORMACIÓN PERSONAL

a. "Elena es diseñadora de ropa para niños."
b. "Elena es poco creativa diseñando ropa."

a y b nos muestran dos actos lingüísticos diferentes.

Los primeros son afirmaciones que describen lo que observamos. En este caso, hay evidencias de lo que estamos diciendo y cualquiera podría corroborarlo.

Los otros son juicios y corresponden a la clase de acto lingüístico que llamamos declaraciones, aunque no todas las declaraciones son juicios. Recordemos que en las declaraciones generamos nuevos mundos a través de la palabra. Los juicios no son verdaderos ni falsos, como las afirmaciones, y puede haber lugar para la discrepancia ya que otra persona puede tener una opinión distinta. Los juicios son interpretaciones lingüísticas que siempre viven en la persona que los emite.

Los juicios son parte de nuestra identidad. Nos poseen y actuamos en la vida de acuerdo con ellos. Son una fuerza muy poderosa en nuestro comportamiento. Pueden afectar nuestro desempeño, nuestras relaciones, etc. Hay juicios que nos sirven como recursos y otros que limitan nuestras posibilidades. Si creemos que podemos hacer algo, lo haremos; si creemos que es imposible, seguramente no lo lograremos.

Los juicios funcionan como brújula hacia el futuro: cuando hacemos un juicio en el presente, nos basamos en experiencias del pasado que determinan acciones que vamos a ejecutar en el futuro. Si digo "María es impuntual", lo digo en tiempo presente y me baso en hechos del pasado, esto es, que en varias oportunidades, María no llegó a horario. Estas experiencias me predisponen a calificar a María de impuntual. Según ese juicio, voy a tomar acciones que afectarán el futuro de María, en lo profesional y en lo personal.

Si digo que Pedro es incompetente, seguramente no lo voy a incluir en tareas importantes y determinaré que en el futuro no estará en condiciones de ser ascendido. Cuando digo "es", estoy apuntando a la identidad de Pedro. Hago una generalización, omitiendo específicamente en qué, cuándo y dónde Pedro es incompetente. Al no desafiar esa generalización, haciendo las preguntas correspondientes, no puedo ver aquellos aspectos en los que sí ha demostrado tener competencias. Esto provoca en mí una emocionalidad limitante respecto de su persona.

Cuando alguien emite un juicio acerca de otro, por ejemplo, "Gustavo **es** malhumorado" o "Gustavo **es** simpático", lo hace creyendo que su juicio es verdadero. Por un lado, compara a Gustavo basándose en un estándar propio o de otros que mide el carácter o la manera de ser de las personas. Por el otro, cuando dice "Gustavo *es...*" apunta a la identidad de Gustavo. El caso es que Gustavo no siempre ni con todas las personas se comporta de la misma manera, y lo que para quien lo ha juzgado es ser malhumorado para otras puede no serlo. Por lo tanto, podría decir que, para él, Gustavo **está** de mal humor. Cuando emitimos un juicio, puede aparecer la discrepancia, ya que lo que puede ser bueno para mí puede que no lo sea para el otro. Por eso, el juicio no es verdadero ni falso.

Lo importante es saber que los juicios nacen en quien los emite y hablan más de él que de aquel a quien están dirigidos. Por ejemplo, cuando alguien opina "los niños son insoportables", su afirmación lo describe a él más que a los niños (podemos imaginar, por ejemplo, que no tiene hijos, o que ha tenido experiencias desagradables con chicos).

Cargamos en nuestra vida con una enorme cantidad de creencias y juicios acerca de nosotros mismos y el mundo, que adquirimos de nuestra cultura, nuestros padres, hermanos, familiares, maestros, incluso de algunas personas que, en realidad, no tienen autoridad suficiente sobre nosotros.

El juicio es una interpretación de un hecho, es hacerse cargo de algo que se está viendo. En nuestra conversación

COACHING PARA LA TRANSFORMACIÓN PERSONAL

privada y pública, estamos emitiendo juicios permanentemente, de todo lo que vemos, escuchamos y sentimos. Vivimos rotulando a la gente y la tratamos como nosotros pensamos que son desde nuestra opinión. A su vez, la gente nos rotula a nosotros y muchas veces respondemos a estos rótulos como si fueran verdades o luchamos para ser lo contrario, sin evaluar si esa persona tiene o no autoridad sobre nosotros.

Una alumna en clase me contó: "El año pasado mi nieto de cinco años empezó a jugar al fútbol y fuimos a verlo, y el papá, cuando terminó el partido, le dijo 'Divino mi amor, sos un tronco'; el nene resolvió no competir nunca más, no fue en todo el año... y entonces al siguiente, cuando fue a jugar, le dijo '¿Y, papi?'. 'Estás mucho mejor', fue la respuesta, a lo que el chico contestó: 'Es como dice mi abuela, estoy madurando al fútbol'".

Una alumna que es docente nos contó que en la sala de profesores, cuando toman un curso nuevo, los predisponen: 'Ojo, que este pibe tiene la madre que..', o que Fulanito es un desastre, o es un divino (...) y entonces cuando le ves la cara al pibe ya ves lo que te contaron (...)".

Otro nos explicó que, según una investigación, había dos grupos de alumnos de un mismo nivel. Se les dijo a los profesores que uno de esos grupos no tenía competencias, que no llegaba al nivel esperado y que el otro sí, lo superaba y era brillante. Lo que se notó después que tomaron los cursos fue que el grupo "brillante" había subido su desempeño muy alto, y el que no, había bajado su nivel. Los docentes se habían relacionado con los alumnos a partir de esos juicios. Por eso es importante observar y escuchar lo que decimos, ya que eso determina las acciones que vamos a ejercer y el resultado.

Los juicios tienen la fuerza de construir o destruir la identidad de una persona, una empresa, una organización, un país, una cultura.

Los juicios son válidos o inválidos de acuerdo con la autoridad conferida a quien los hace. Y pueden ser fundados o infundados de acuerdo con las acciones ejecutadas en el pasado que utilizamos para respaldarlos. Si digo "María es impuntual" y tengo que fundar este juicio, explicaré: "Ayer nos íbamos a encontrar a las 5:00 y llegaste 6 y media. La semana pasada nos íbamos a encontrar a las 4:00 y llegaste a las 5:00". O sea: un juicio se funda en hechos, no con otros juicios. Puede ocurrir que María llegue a tiempo en otros ámbitos y con otra gente: en las citas con el médico, al ir a buscar a sus hijos al colegio, etc. Por lo tanto, sólo puedo afirmar que María no llegó en el horario convenido a las últimas reuniones conmigo.

Tomando el ejemplo de Pedro, si soy su jefe, tengo autoridad para decidir el futuro de Pedro en la empresa. De acuerdo con mi autoridad, ese juicio es válido. Cuando un juez declara marido y mujer a una pareja, tiene la autoridad suficiente para hacerlo; si otra persona sin autoridad para ello quisiera hacerlo, esa declaración no sería válida.

Otro ejemplo que aparece frecuentemente en los grupos es: "Mi jefe es autoritario y creo que este juicio es verdadero porque muchos están de acuerdo". Ni con acuerdo ni sin acuerdo dicho juicio es verdadero, sino válido o inválido. Incluso en el mismo ámbito, un juicio puede ser válido para algunas personas y no para otras.

Los juicios que emite una persona nos muestran su alma. A partir de ellos podemos percibir cómo es, cómo es su vida, cuáles son sus preferencias, sus parámetros, etcétera.

¿Por qué es importante fundamentarlos? Porque cuando lo hacemos buscamos hechos, situaciones concretas, que nos demuestran el juicio como válido; salimos de la generalización que nos lleva a usar el juicio como parte de la identidad de la persona y nos centramos en la acción, especificando cuándo, dónde, con quién, cómo y en qué contexto ocurrió ese hecho.

Ejercicio N° 18. Detectando juicios positivos y negativos

Piense y escriba tres juicios negativos y tres juicios positivos acerca de usted mismo, dispuestos en dos columnas. Por ejemplo, ponga "afectuoso" en la lista de juicios positivos, e "incompetente para la computación", en la otra.

Reflexionar sobre ello, registrarlo por escrito y visualizarlo le facilitará trabajar sobre sus juicios negativos.

Ejercicio N° 19. Fundamentar los juicios

De su lista de juicios negativos, elija uno y hágase las siguientes preguntas.

1. **¿En qué dominio particular estoy realizando este juicio?** Recuerde que cuando emitimos un juicio, hacemos una generalización y lo apuntamos a la identidad, perdiendo de vista que ese juicio tiene que ver con un dominio en particular.
2. **¿Qué parámetros estoy utilizando para hacer este juicio?**
   ¿Con quién o qué comparo?
3. **¿Qué afirmaciones (acciones o hechos concretos) puedo utilizar para respaldar este juicio? ¿Qué hechos concretos lo fundamentan?**

Fundar el juicio contrario muchas veces nos sirve para darnos cuenta de cuál de los dos tiene más consistencia. Aquí nos podemos llevar la sorpresa de que el juicio contrario tiene más validez.

También es útil compartir el juicio con otros.

Escriba qué resultados obtuvo.

Una buena noticia es que cambiando las acciones podemos cambiar los juicios.

Retomemos el ejemplo de María. Si el juicio que tenemos de que ella es impuntual es válido, ya que hay hechos concretos que lo fundamentan, puede suceder que María quiera hacer un cambio al respecto. Si nuevas acciones cambian los juicios, María comienza a llegar a tiempo a las reuniones, incluso en algunos casos, antes del horario fijado. En la medida en que estas acciones sean mantenidas por ella en el tiempo, podremos decir que "María es puntual". Como vemos, la acción cambió el juicio y, cambiando el juicio, cambia la manera de ser.

¿Qué pasa cuando los demás siguen emitiendo el mismo juicio acerca de María a pesar de que ella ha cambiado? María se hará cargo de mostrar sus nuevas acciones, declarando que ese juicio ya no es válido. Es ella la que tendrá que reconstruir la confianza y su nueva imagen.

En palabras de Echeverría, "No sólo actuamos de acuerdo con cómo somos (y lo hacemos), también somos según cómo actuamos. **La acción genera ser**".[2]

A partir de los juicios, construimos nuestra identidad pública y privada. ¿Cuántas instituciones y empresas desaparecieron a raíz de los juicios que se emitieron sobre ellas? Reflexionemos acerca del riesgo y los daños que podemos ocasionar a otros cuando emitimos juicios negativos sin fundarlos. Por otro lado, los juicios positivos nos permiten abrir posibilidades, crecer, crear y diseñar el futuro.

Probablemente, lo que le va a empezar a pasar al adquirir estas distinciones es que va a estar alerta y atento al emitir un juicio. Entonces este observador nuevo que usted es se va a enriquecer con un cambio en su forma de ser.

Si usted se considera tímido/a y quiere cambiar, es el momento de declarar "¡Basta! A partir de este momento voy a ser sociable y comunicativo". El paso siguiente es salir al mundo y ejecutar las acciones que usted considere que lo

2. Echeverría, Rafael: *Op. cit.*

llevarán a ser quien quiere ser. Cuando esa acción se hace recurrente, mantenida en el tiempo y producida por usted, quiere decir que aprendió y por lo tanto ese juicio habrá cambiado.

Ejercicio Nº 20. Cambiando nuestra manera de ser

Para trabajar este tema, diseñé el siguiente ejercicio:

1. Seleccione un juicio negativo propio que quiere cambiar.
2. Enuncie cuál es el juicio en positivo que usted quiere tener.
3. Hágase las siguientes preguntas.

   a. ¿Qué acciones mías generan ese juicio negativo?
   b. ¿Qué acciones nuevas podría implementar para cambiarlo?
   c. ¿Qué necesito aprender para realizar esas nuevas acciones? (Especifique cuándo, dónde y cómo lo haría.)
   d. ¿Qué tipo de persona sería si cambiara ese juicio?
   e. ¿He descubierto algo? ¿Qué?

Este ejercicio también lo puede aplicar en coaching a un cliente.

Retroalimentación

Una de las condiciones decisivas para el funcionamiento de los equipos de trabajo, con consecuencias directas en el logro y mantenimiento del compromiso, es la forma en que sus integrantes intercambian juicios. Afecta la emocionalidad del grupo y, fundamentalmente, la motivación y disposición para la acción. Influye en la calidad de las relaciones interpersonales y en la confianza entre los individuos y en el grupo como unidad. Es fundamental que los miembros aprendan a intercambiar juicios críticos sobre su propio desempeño, ya que el equipo que puede aprender de sus errores y debilidades es capaz de crecer y alcanzar un desempeño más alto. Esto abre la posibilidad de procesos continuos de aprendizaje e innovación.

Sabemos que intercambiar juicios críticos no es fácil. Frecuentemente, lo primero que hacemos es ponernos a la defensiva. Muchas veces nos sentimos agredidos o cuestionados como personas, y hasta llegamos a eludir nuestra responsabilidad acerca de los resultados insatisfactorios que estamos alcanzando.

La situación de no poder conversar sobre las insuficiencias o limitaciones perjudica la efectividad de la gestión y los resultados que la organización obtenga. Esta práctica de recibir y entregar juicios se llama "feedback" o "retroalimentación" y es una herramienta muy importante a la hora de motivar a los colaboradores.

Con frecuencia, elegimos callar. Cuando lo hacemos, nuestros juicios críticos no desaparecen, sino que permanecen en nuestro pensamiento, donde el otro no los está viendo y esto resta energía, tiempo y competencias a nuestra gestión. Esa conversación interna de lo que callamos se va agrandando, nos afecta a nivel emocional, distorsiona nuestra percepción del mundo, y afecta tanto nuestro comportamiento como nuestras relaciones con los demás. Los juicios críticos que no son conversados ejercen un efecto tóxico en las relaciones, interfieren en el desempeño de los individuos, y producen resultados negativos y falta de motivación, como si esa situación no tuviera salida.

Condiciones para entregar juicios
de Rafael Echeverría[3]

- Preparar el entorno, el cuerpo y la emocionalidad.

- Crear contexto: traer a la conversación las inquietudes compartidas.

- No personalizar ni etiquetar al otro: no invalidarlo.

- No generalizar ni exagerar.
  Dominio: *"En todo"*.
  Tiempo: *"Siempre"*.

- No adscribir intenciones o motivos.

- Fundamentar los juicios remitiéndolos a acciones.

- Cuando corresponda, remitir los resultados de esas acciones a nuestras acciones frente a ellas: "Cuando tú haces *x*, a mí me sucede...".

- No invocar el nombre de otros en falso.

- Indagar permanentemente el punto de vista del otro. Escucharlo.

- Pedir cambios concretos en las acciones del otro.

- Estar dispuestos a ofrecer cambios en nuestras propias acciones.

- Estar dispuestos a desprendernos de nuestros juicios iniciales.

Cuando vamos a entregar juicios, es importante estar emocionalmente armonizados. Si es posible, ubíquese en la

---

3. Tomado del programa de formación de coaches de Newfield Consulting, dictado por Rafael Echeverría y Alicia Pizarro, en México, España y EE.UU., en 2000.

corporalidad adecuada, de pie o sentado, alineando la columna, con la cabeza erguida, los hombros hacia atrás y la mirada al frente, y haga tres inspiraciones profundas antes de comenzar.

Con respecto al entorno, genere un espacio adecuado, que no sea, por ejemplo, un ascensor, ni un pasillo, ni delante de otros, salvo que sean del equipo de trabajo.

Crear un contexto adecuado permite entregar y recibir el juicio de la mejor manera, y explicar para qué se entrega, por ejemplo: para que la persona mejore sus competencias, para mejorar la relación, para disolver los obstáculos que impiden su desempeño, para mejorar la calidad de vida laboral ya que pasamos mucho tiempo juntos, etcétera.

En la explicación anterior, nos dimos cuenta de que a través de los juicios tendemos a etiquetar. Muchas veces, frente a las explicaciones que el otro nos da, lo invalidamos pensando que no entiende o no sabe de lo que estamos hablando.

Habitualmente, entregamos un juicio haciendo generalizaciones, como: "Siempre hacés lo mismo", "Nunca me ayudaste". Ser lo más específicos posible –dónde, cuándo, con quién, cómo– con respecto al hecho que generó el juicio y separarlo de la identidad, ya que no es "siempre" ni "nunca", permite que el juicio sea recibido sin resistencia y produzca un aprendizaje.

Solemos adjudicar intenciones o motivos acerca del comportamiento de la otra persona y nos equivocamos, porque esa interpretación la hacemos desde nuestro mapa mental.

Es importante remitirnos a lo que nos pasa a nosotros cuando el otro dice o se comporta de determinada manera. Por ejemplo: "Lo que a mí me pasa cuando vos levantás la voz es que siento que me estás gritando y estás enojado conmigo".

Preguntar, indagar, para saber para qué el otro hace lo que hace y escucharlo.

Para disolver el obstáculo, resulta fundamental preguntar al otro qué cambios va a hacer, incluso ofreciéndole hacer cambios uno mismo, si es necesario.

Si ya se tiene en claro que los juicios no son verdades, que dependen del observador que sea cada uno, que con la acción es posible cambiarlos, poder "soltar" el juicio que tenemos del otro es un acto de flexibilidad, amor y respeto; es legitimar al otro.

Condiciones para recibir juicios[4]

Recibir juicios es un proceso similar al de la entrega. Requiere del receptor las siguientes condiciones:

- Preparar el cuerpo y la emocionalidad: soltar la tensión y respirar profundo.

- Reconocer que se trata de juicios, no de acusaciones, por lo tanto son discutibles, referidos a acciones y no a la identidad, y superables a través de la acción y el aprendizaje.

- Evaluar la concesión de autoridad.

- Abrirse a escuchar. No disputar.

- Indagar sobre lo que el otro nos dice.

- No invalidar al otro.

- Legitimar el punto de vista del otro.

- No atribuirle intenciones o motivos.

- Preguntarse y preguntarle por sus inquietudes.

---

4. Ibídem.

- Distinguir *comprender* de *compartir*. Muchas veces, disentimos con el juicio que nos entrega el otro. Es importante escucharlo y luego decirle: "Entiendo por qué podés pensar así, pero no lo comparto".

- Aceptar puntos válidos: "Eso es cierto".
  Distinguir y reconocer que hay puntos con los que acordamos y otros con los que no acordamos.

- Tomar tiempo antes de responder.
  Muchas veces, recibir estos juicios nos lleva a una emocionalidad que no es la adecuada para responder. Pedir un tiempo para reflexionar y fijar una nueva fecha nos ahorra dificultades.

- Agradecer al emisor la posibilidad que nos abre al compartir sus juicios con nosotros.

CAPÍTULO 10

PEDIDOS, OFERTAS, PROMESAS Y COMPROMISOS

Una de las dificultades que aparecen frecuentemente en nuestra vida tiene que ver con nuestras competencias para pedir y ofrecer. Cuando coordinamos acciones, muchas veces los compromisos no se cumplen debido a que el pedido o la oferta no están bien efectuados. Haga una reflexión.

- ¿Puede pedir?
  Si la respuesta es positiva, ¡felicitaciones! Ya que el pedir nos permite expandir nuestro mundo y, fundamentalmente, coordinar acciones con otros.
  Si la respuesta es negativa, ¿espera que los demás adivinen lo que usted quiere? Piense en qué momento de su vida decidió no pedir. ¿Es posible que en su historia personal, algún hecho haya disparado esta decisión? ¿Qué creencias había en su familia acerca de pedir?

- Si pide, ¿hace pedidos claros?
  Muchas veces creemos que estamos pidiendo con claridad pero nuestro interlocutor no escucha un pedido.

¿Cuántas veces se enojó porque alguien no satisfizo sus expectativas? Pero, ¿usted las había expresado claramente, y el otro había aceptado, o todo estaba sólo en su conversación privada? Es habitual que muchos de nuestros enojos

COACHING PARA LA TRANSFORMACIÓN PERSONAL

tengan que ver más con expectativas no manifestadas que con promesas no cumplidas. Si usted presupone que otra persona (pareja, jefe, hijos, socios, etc.) tendría que hacer o decir algo que nunca fue pedido ni acordado explícitamente, su enojo carece de fundamento. Si usted no pidió lo que necesitaba no puede pretender que el otro conozca "mágicamente" su necesidad. Recuerde que aunque ambos se conozcan, tienen modelos mentales diferentes y son observadores distintos y, además, están viviendo cada uno en su propio mundo. Usted podrá decir que se lo manifestó a esa persona y yo le pregunto: usted, ¿se lo pidió concretamente? Ella, ¿aceptó que lo haría? Si no fue así, usted es responsable de no haber hecho ese pedido en forma concreta. Esto nos muestra lo importante que es aprender a pedir.

Ejercicio N° 21. Las formas de pedir[1]

Escriba un pedido que le hizo a alguien. Por ejemplo, a su secretaria, su socio, su marido, su mujer, su hijo, etc. ¿Cómo lo hizo?

Algunas formas de pedir que aparecen en mis clases son:

Pedido	Algunas respuestas posibles
Necesitaría que...	Ah, ¿sí? Yo también necesito.
¿Serías tan amable?	Sí, soy amable.
¿Te puedo pedir algo?	No/Sí, pedirme podés.
¿No me harías un favor?	Si vos lo decís, ya sabés que no.
¿Te parece que podríamos?	Sí, podríamos...
Quisiera que...	Yo también quisiera.
Te pido por favor...	¿Qué...?
¿Te animás a...?	¡Sí, claro que me animo!
¿Podrías...?	Sí, *podría*, pero no *quiero*.
¿Querés...?	Sí, quiero, pero no puedo./ No, no quiero, pero podría.

---

1. Basado en el modelo de Rafael Echeverría.

PEDIDOS, OFERTAS, PROMESAS Y COMPROMISOS

¿En cuál de estas frases se escucha un pedido claro?

¿Qué acción cree que va a ejecutar el otro cuando le preguntamos si "se anima a...", o usamos el modo potencial o el subjuntivo ("sería", "quisiera")?

Todo pedido bien hecho establece acciones concretas a ser ejecutadas. Cuando no se expresa una acción concreta como "te pido", "traeme", "llamame", "haceme", "organizame", "armame", la otra persona muchas veces puede no sentirse aludida, o escuchar declaraciones, preguntas o afirmaciones en lugar de pedidos.

1. "Necesito el informe para el jueves."
2. "Alguien dejó la puerta abierta."
3. "¿Podés hacerte cargo de conversar esto con Carlos?" o
4. "Este cheque espera firma", son algunos de los modos en que solemos creer que pedimos.

La estructura adecuada es, respectivamente:

1. "Pablo, escribime el informe para el jueves."
2. "Por favor, cerrá la puerta."
3. "Te pido que hables con Carlos", o
4. "José, por favor, firmá este cheque."

Estas formas de pedir carecen de ambigüedad.

Observemos las frases enumeradas más arriba, en primer término.

La primera no manifiesta una solicitud, sino una necesidad; el receptor puede interpretar o no que contiene un pedido.

La segunda es la descripción de un hecho; no existe un pedido ni a quién va dirigido.

En la tercera, tampoco hay pedido, ya que se usó un verbo de posibilidad.

La cuarta es otra afirmación: no hay pedido ni sujeto al que va dirigido.

171

Estas formas eufemísticas de pedir tienen que ver con la cultura: los latinos tendemos a envolver el pedido en palabrerío, creyendo que de este modo somos más respetuosos o delicados. Una forma clara de encabezar un pedido es "Te pido...", "Solicito...", "Le ruego...", etcétera.

Un hijo le pide al padre que, cuando vuelva de trabajar, lo ayude con la tarea.

Su pareja le pide que pase por el supermercado antes de llegar a casa.

Todos los objetos y muebles que hay en su casa son el producto de pedidos y ofertas. Pedimos todo el tiempo.

Rafael Echeverría dice que el que no pide empobrece su vida. ¿Qué les impide a algunas personas pedir? Entre las respuestas que he obtenido destacan: "No quiero molestar", "Me da vergüenza", "Se van a dar cuenta de que no sé", "Me siento en deuda con esa persona y quedo comprometido para el futuro", "Si pido, me van a decir que no".

Pensemos sobre esta última explicación.

¿Qué emocionalidad puede despertar un "No" como respuesta a un pedido? Es muy importante comprender que la negativa está referida a la solicitud, no a la persona que la formuló. Si yo interpreto el no del otro como un rechazo hacia mi persona, le estoy negando su espacio de legitimidad para que, libre y responsablemente, opte por la respuesta que le parezca conveniente.

Cuando el otro no puede decir que "no", no le estoy pidiendo: le estoy ordenando. Una orden es una petición sin espacio para que el otro se niegue.

Si le pido a mi colaborador que haga un trabajo y ese trabajo es parte del acuerdo laboral que hicimos, en este caso, si no puede realizarlo, acordaremos cuándo y cómo satisfacer mi pedido.

¿Soy una oferta para el otro?
¿Y para el mercado?

Con las ofertas ocurre el mismo proceso que con los pedidos; lo que cambia es el sujeto que ejecuta la acción. Si pido algo, el que ejecuta la acción es el otro. Si, en cambio, yo hago una oferta, soy yo el que tiene que ejecutar la acción.

Es tan importante diseñar un pedido como diseñar una oferta.

¿Cómo ofrezco lo que hago? ¿Sé qué necesita el otro para hacer mi oferta? Muchas veces, ofrecemos lo que nosotros creemos que es lo correcto sin percibir y/o preguntar lo que el otro necesita. Como en los pedidos, a veces nos enojamos porque el otro no ofrece lo que necesitamos. La otra persona ni se imagina lo que estamos esperando.

Es importante generar un contexto adecuado antes de pedir u ofrecer ya que esto nos da la posibilidad de crear un campo óptimo para que haya aceptación.

En el caso de las ofertas, yo ofrezco mi producto o servicio y es fundamental generar un muy buen contexto, haciendo rapport, hablando de todas las posibilidades que el producto tiene para ofrecer especialmente a esa persona. Un muy buen ejercicio para experimentar con otro es crear contexto sin hacer todavía la oferta. Muchas veces, el contexto generado es tan bueno, que aparece el pedido del otro antes que yo lo ofrezca.

Veamos algunos ejemplos: ofrezco a mi hijo hacer un viaje juntos o contarle un cuento cuando se vaya a la cama. Su mujer le ofrece prepararle su comida preferida para esta noche. Una amiga me ofrece prestarme ese libro que hace tanto tiempo quiero leer…

Como los pedidos, las ofertas son acciones que se ejecutan en el lenguaje que nos permiten establecer promesas y compromisos.

Promesas y compromisos

Para que haya una promesa o un compromiso, tiene que haber un pedido o una oferta, más una declaración de aceptación. Sin esta declaración de aceptación, no hay compromiso, por lo tanto no tenemos derecho a reclamar cuando alguien no cumple. Si el compromiso ha sido establecido formal y completamente, pero surge una dificultad inesperada para cumplirlo, debe comunicarse lo más rápidamente posible y negociar hasta acordar un nuevo compromiso adecuado a las posibilidades reales.

En lo que respecta a la empresa, este concepto es tan importante como en la vida privada, tanto en la interacción de sus miembros, como en la de la organización con sus clientes y proveedores.

Supongamos que usted ofrece un producto a alguien, y esa persona no le dice que sí ni que no. Usted interpreta su silencio como aceptación, y le envía el artículo: no le quepa duda de que le será devuelto. Póngase ahora del lado del cliente: usted ha encargado un bien o un servicio, se le ha confirmado la recepción del pedido, pero sin especificar la fecha y hora de la entrega; si esta no se efectúa cuando usted creyó que se haría, no puede quejarse de incumplimiento, puesto que no hubo compromiso formal y detallado. Sólo una declaración de aceptación de *todas las condiciones* establece el compromiso.

Entonces, para que haya compromiso, tiene que haber una aceptación tanto de la oferta como del pedido, estableciendo día, hora y lugar de entrega para que sea cumplido; si no establecemos previamente estas pautas, la persona puede argumentar, por ejemplo, que lo iba a entregar más tarde.

De todas maneras, esta promesa no está concluida todavía ya que el compromiso termina con la declaración de satisfacción del cliente, tanto en el pedido como en la oferta. Por ejemplo, verificando si el producto o el servicio o lo prometido cumple con lo esperado por el cliente. Si este no declara satisfacción, se hará un nuevo acuerdo hasta lograrla.

En el caso de una venta, compro un producto con el compromiso de que me será entregado en determinada fecha. A su vez, me comprometo con clientes míos a entregarles ese producto en un tiempo y fecha determinados. Estas personas, a su vez, coordinarán acciones con otros, también haciendo promesas. Así es como se arma una "cadena de promesas", de compromisos mutuos. Si el primer eslabón de esta cadena no cumple su compromiso, esto afectará la confianza para acciones futuras, no solamente de su cliente sino de todos los demás.

Vivimos coordinando acciones con nuestras parejas, con nuestros hijos, otros familiares, amigos, haciendo promesas y estableciendo compromisos mutuos, en todos los aspectos de nuestra vida.

En el caso del padre que ofrece llevar de viaje a su hijo, y este lo acepta y, en consecuencia, se organiza hablando con su maestra, acordando cómo recuperará las clases que pierda haciendo pedidos a sus compañeros a cambio de otras acciones con las que está dispuesto a compensarlos por su ayuda, aquí también se establece una cadena de promesas. Si invito a un amigo a comer a mi casa y me dice que sí, dispondré todo lo necesario para recibirlo: compras, preparativos, etc. Si, finalmente, no viene y no me avisa, él no habrá cumplido con su promesa.

La base para establecer promesas y compromisos es la confianza. La confianza está íntimamente vinculada con nuestra capacidad de hacer y cumplir promesas y es la base para la coordinación de acciones. La confianza que cada persona u organización genera depende, precisamente, de cuánto honra sus compromisos.

La confianza

Los seres humanos vivimos en la incertidumbre y necesitamos de la emoción de la confianza ya que somos vulnerables. Cuando no hay confianza nos sentimos amenazados, en peligro, expuestos a riesgos: sentimos miedo. Cuando hay confianza, estamos más seguros, más protegidos, capaces de generar un futuro de posibilidades. "A un nivel básico, muy primario, la confianza o la falta de ella son por lo tanto indicadores emocionales de vulnerabilidad", plantea Rafael Echeverría[2].

Dada la situación de inseguridad en la que vivimos actualmente, si no tuviéramos una mínima emoción de confianza, nos sería imposible salir a la calle.

También, cuando hablamos de confianza, podemos referirnos a la confianza en nosotros mismos y a la que generamos en los demás. Esta tiene que ver con nuestra identidad pública. Es importante tener en cuenta esto, ya que muchas veces si la confianza se rompe, es muy difícil reconstruirla.

Por otro lado, también nos sucede que sentimos confianza o desconfianza con respecto a alguien, muchas veces de manera inexplicable, sin tener claro qué es lo que dispara esta emoción.

La confianza tiene relación directa con la acción. A partir de las acciones se generan juicios, y esos juicios determinan confianza o desconfianza. Entonces, podemos distinguir dos caras en la moneda de la confianza: emoción y juicio, que se retroalimentan mutuamente. Por lo tanto, es posible reconstruir la confianza cambiando la acción y los juicios de la conversación que llevó a su ruptura.

Siguiendo con lo que plantea Echeverría, podemos hablar de los tres dominios de la confianza relacionados con las promesas. Es importante detectar en cuál de ellos aparece la desconfianza.

---

2. Echeverría, Rafael: *La empresa emergente*. Granica, Buenos Aires, 2000.

1. **El dominio de la sinceridad**

   Decimos que alguien es sincero cuando lo que dice coincide con lo que piensa. Hay una coherencia entre la conversación pública y la conversación privada, que podemos observar a través de su fisiología.

   Cuando la persona dice: "Sí, me comprometo a hacerlo", y en su conversación privada piensa que no lo va a hacer, no es sincera. Si, además, en otras experiencias esa persona no cumplió su promesa, generará desconfianza aunque esté auténticamente decidido a cumplir.

2. **El dominio de la competencia**

   Decimos que alguien es competente cuando tiene el conocimiento necesario para ejecutar una tarea determinada. Puede ocurrir que esta persona sea sincera y responsable, pero que no tenga las competencias necesarias, en cuyo caso será difícil confiar en ella hasta que demuestre haber aprendido.

3. **El dominio de la responsabilidad**

   Es posible desconfiar de alguien competente y sincero si se considera que no es lo suficientemente responsable en el cumplimiento de sus compromisos debido a que, por ejemplo, en el pasado asumió más actividades o tareas de las que realmente podía realizar en el tiempo acordado y no cumplió.

Las relaciones sociales necesitan sustentarse en la confianza para que sean productivas y generativas.

Dentro de las organizaciones, es fundamental generar recursos de confianza a fin de lograr los mejores resultados en el estado emocional de la gente.

En la empresa, la confianza permite aprender, innovar, promover nuevas oportunidades, y lograr compromiso y motivación.

Ejercicio N° 22. Los dominios de la desconfianza

- Piense en una relación importante o necesaria en la que no hubo o se rompió la confianza.
- Identifique en qué dominio ocurrió (sinceridad, competencia o responsabilidad), cuál fue el hecho y cuáles son los juicios y la emocionalidad que disparó en usted.
- ¿Cuál fue su responsabilidad en esta situación?
- Reflexione acerca de qué conversaciones estarían haciendo falta para reconstruir la confianza y cuáles serían los resultados.

Anote en su espacio de actividades todos los hallazgos que hizo durante su reflexión.

El reclamo[3]

Por lo general, cuando alguien no cumple con lo que nos prometió, tendemos a resignarnos o a protestar. Ya hablamos de las consecuencias de callar y de quejarnos: rabia, impotencia o resentimiento.

Por suerte, existe otra forma de responder a una promesa no cumplida, y es el reclamo. El reclamo puede disolver la emocionalidad negativa y promover acciones tendientes a reparar el daño producido.

Por ejemplo: "Vos me prometiste entregarme este informe el jueves a las 17:00. ¿Es así?" (es importante chequear lo acordado, ya que yo o el otro podemos haber interpretado cosas diferentes o puede haberlo entregado a mi secretaria, por ejemplo, y ella olvidó avisarme). Si la persona me dice que es así, que estoy en lo correcto, puedo decirle que no ha cumplido con el compromiso establecido y que esto me ha perjudicado, por lo tanto, será necesario establecer la manera de resarcir el daño producido. Mantendremos, entonces, una conversación para coordinar cómo se hará cargo de la situación.

---

3. Tomado del programa de formación de coaches de Newfield Consulting dictado por Rafael Echeverría y Alicia Pizarro, México, España y EE.UU., 2000.

CAPÍTULO 11

EMOCIONES
Y ESTADOS DE ÁNIMO

El ser humano y su emocionalidad

No existe el vivir humano sin emoción, incluso cuando razonamos. El sentir es la base desde la cual hacemos lo que hacemos. El sentir está en el cuerpo, no sentimos fuera de él. Vivimos en un mar de sentires. Todo comportamiento humano ocurre en el fluir de los sentires. El sentir es el fundamento de la emoción. En las emociones interpretamos nuestro sentir, aparece el pensamiento que habla acerca de lo que sentimos. También hablamos de emociones cuando distinguimos modos en nuestra forma de relacionarnos con el otro.

Nuestras acciones y comportamientos están determinados por las emociones y estados de ánimo que tenemos en cada momento. Cuando hablamos de ellos incluimos el lenguaje, lo que nos decimos, lo que interpretamos acerca de lo que vivimos. Estos pensamientos, que son interpretaciones y juicios que traemos de nuestra historia, afectan nuestro desempeño, abren o cierran posibilidades en nuestra manera de observarnos a nosotros mismos, a los otros y al mundo. Según nuestros estados de ánimo, podemos llegar a tener un futuro lleno de posibilidades, luminoso, o un futuro empobrecido, oscuro.

Las emociones nos remiten a hechos concretos. Se manifiestan frente a un estímulo, interno o externo. Cuando ese estímulo desaparece, habitualmente también lo hace la emoción. Por ejemplo, si voy por la calle y veo una persona que me parece sospechosa, ella dispara en mí miedo. Si esa persona sigue su camino, alejándose, esa emocionalidad de miedo desaparecerá.

Ya dijimos que las emociones son contagiosas. Piense en alguna situación en la que se encontró con otra persona o en un ambiente y se contaminó con su emocionalidad. Cuando esto nos ocurre, si la emoción es positiva, ¡bienvenida! Si no lo es, es importante cambiarla para que no nos afecte. Quiero destacar que no somos responsables de contagiarnos de una emoción, pero sí lo somos de salir de ella si nos influye negativamente.

Recordemos que los sentimientos afectan y son afectados por las conversaciones y que detrás de cada emoción hay juicios que las determinan.

A lo largo de nuestra historia, todos hemos construido patrones emocionales que nos caracterizan, por ejemplo, los estados de ánimo.

Los estados de ánimo son otra distinción de la emocionalidad. Son profundos y recurrentes. Con frecuencia no sabemos qué los originó, ya que su aparición puede ser provocada por una conjunción de sucesos. Muchas veces los estados de ánimo se adueñan de nosotros, nos atrapan. De nuevo: si son positivos, bienvenidos, y si no lo son, cambiarlos nos da la posibilidad de generar una mejor calidad de vida.

Algunos estados de ánimo son propios de la índole y las vivencias de cada uno –ser predominantemente positivo o negativo, triste o alegre–, es decir, nos caracterizan. Otros son comunes a muchas personas dentro de determinada cultura, por ejemplo, entre los argentinos, la euforia del viernes a la tarde, o el abatimiento del domingo a la noche. Las estaciones del año, los ambientes, el clima, también suelen producir estados de ánimo similares a sujetos distintos. De acuerdo con el tiempo histórico que están viviendo, los países experimentan estados de ánimo generalizados, como es el caso del temor permanente durante un gobierno represivo, épocas de guerra o tiempos de recesión económica, epidemias. En suma, los grupos determinan el estado de ánimo de los individuos que pertenecen a ellos, y los individuos a su vez determinan el estado de ánimo de los grupos.

Los líderes son los diseñadores de estados de ánimo de sus comunidades. Son los que generan nuevos horizontes de posibilidades para sus miembros y las nuevas acciones que los concretan.

La emocionalidad incide directamente en su forma de observar la situación que se le presenta y lo lleva a acciones determinadas por la misma emoción. Las emociones se convierten así en otro tipo de limitantes. Por ejemplo, si me despierto triste o alegre, seguramente tendré una conversación privada con juicios vinculados con ese sentir y, del mismo modo, las acciones que ejecute van a tener que ver con esa emocionalidad.

Todos estas limitantes nos hacen realizar a cada uno distinciones diferentes de la realidad, al llevarnos a observar el mundo desde el mapa mental que nos van dibujando.

Hay estados de ánimo, como el resentimiento y la resignación, que afectan negativamente. Se manifiestan cuando nos sentimos impotentes frente a los hechos, creemos que algo es injusto, o que nos pertenece y no nos es dado, o cuando no aceptamos las situaciones que no podemos cambiar. Estos estados de ánimo nos cierran posibilidades en la vida, no nos permiten accionar y nos creemos víctimas del otro y de la situación. El resentimiento es un estado de ánimo que nos corroe el alma, nos posee, nos encadena al otro o a la situación y afecta nuestra salud, nuestras relaciones y nuestra vida.

Algunas veces, el resentimiento aparece como consecuencia de una expectativa no cumplida, que ni siquiera fue manifestada. Si es una expectativa suya, el otro quizás nunca se enteró de lo que usted esperaba de él. Piense en alguna situación en la que usted tiene esta emocionalidad con respecto a alguien. Identifique si es producto de una expectativa suya o de una promesa no cumplida.

Las emociones y los estados de ánimo tiñen nuestra observación y nos llevan a prestar atención a sólo una parte de una situación más compleja, y separar el resto sin siquiera captarlo. De tal forma, una persona en un estado emocional determinado puede interpretar un suceso de manera muy distinta de lo que lo hace otra persona que observa el mismo hecho desde un estado emocional diferente, como bien lo expresa la clásica figura de "ver el vaso medio lleno o medio vacío". Nos pasa habitualmente que cuando alguien nos cuenta algo, nos afecta a nivel emocional, de manera positiva o negativa, según lo que represente para nosotros.

Las conversaciones que sostengamos cambian según el estado de ánimo en que nos encontremos ya que, como hemos visto, el lenguaje y las emociones son interdependientes.

Podemos comprender las emociones si observamos los juicios que aparecen en nuestras conversaciones.

La buena noticia es que esta relación tan estrecha entre lenguaje y emoción nos da la posibilidad de cambiar nuestras emociones y estados de ánimo interviniendo en el dominio del lenguaje. Las conversaciones son una herramienta de transformación emocional.

Observar nuestras emociones y estados de ánimo y detectar cómo se representan a partir del lenguaje nos permite hacer una **reconstrucción lingüística**, es decir, cambiar la conversación o pensamiento que estamos teniendo por otra conversación o pensamiento de posibilidad, a fin de comenzar a tomar el control sobre su propia vida y manifestar cambios. Por ejemplo, si estoy es una emocionalidad de miedo frente al cambio y mi conversación es: "Estoy en peligro. Algo malo me puede pasar", puedo cambiarlo por: "En realidad, ahora no me está pasando nada. Estoy seguro y tranquilo donde estoy. Este pensamiento no es real. Puede ser bueno para mi vida afrontar este desafío". Si me siento ansiosa en el presente, puedo sumergirme en lo que siento, detectando cuáles son las conversaciones, los juicios que estoy teniendo en ese momento. Con seguridad, mi mente estará pensando en algo acerca del futuro que hoy, en el presente, no está ocurriendo. Esto genera en mí esa emocionalidad. Puedo cambiar mi conversación, si me digo: "Estoy aquí, presente, viviendo esta situación. Siento mi cuerpo, mi respiración. Estoy tranquila, en el fluir de la vida".

Si mi emocionalidad es de resentimiento, y este resentimiento es producto de una expectativa mía, mi conversación puede ser: "Lo que me hace es injusto, no me lo merezco". Hacer una reconstrucción lingüística puede ayudarme a observar la situación de una manera diferente porque puede suceder que no "me lo haga a mí", sino que el comportamiento de esa persona responda a su propia manera de ser y, en realidad, no me prometió que haría o no haría nada. Puedo decirme: "Lo acepto como es. No me lo hace a mí y, además, yo no le pedí nada". Este cambio en el lenguaje produce un cambio en mi emocionalidad.

Si mi emocionalidad es de resignación y me digo: "No hay nada que hacer, nada va a cambiar", me paralizo. Pero si cambio la conversación por: "Seguro que existen otras formas de ver la situación y algo que yo pueda aprender para modificarla", probablemente cambie mi emocionalidad, ya que, como dice Rafael Echeverría[1], "el aprendizaje es una

---

1. Echeverría, Rafael: *Ontología del Lenguaje. Op. cit.*

de las más importantes formas de alejar a las personas de la resignación. El aprendizaje hace que aparezca alcanzable lo que pudo parecer posible".

Ejercicio N° 23. Transformando el resentimiento

Reflexione sobre las siguientes preguntas y anote las respuestas.

1. ¿Cuál es el precio que paga por mantener resentimiento contra alguien o algo?

2. ¿Dónde está la raíz de la imposibilidad? ¿Hubo promesa? ¿Era legítima su expectativa? ¿Hubo reclamo?

3. Detecte ahora la emocionalidad que le produce este estado: dolor, rabia, etc. ¿Cómo la manifiesta?

4. ¿Qué conversación privada dispara? ¿Qué juicios aparecen?

5. ¿Hizo el reclamo correspondiente en su momento? ¿Puede hacerlo, o repetirlo, ahora?

6. ¿Consideró la posibilidad de perdonar? Puede ocurrir que la persona no esté a su alcance, o que usted no quiera reclamar. El perdón, expresado al otro o concretado en su interior, es un regalo que se hace a usted mismo para recuperar su libertad. Si es eso lo que quiere hacer, a partir de este momento, reconstruya su conversación privada y declare: "Estoy cansada/o de entregarle mi vida a otro. Quiero vivirla diferente. Por eso, digo: ¡basta! Me conecto con la emoción del perdón: me perdono y te perdono".

7. ¿Qué resultados obtendría en el futuro y cómo sería su vida si no experimentara resentimiento? ¿Cómo se vería? ¿Qué le dirían los demás? ¿Qué se diría a usted mismo? ¿Cuál sería su emocionalidad?

Ejercicio Nº 24. Transformando la resignación

Haga lo mismo que en la actividad anterior.

1. ¿Cuál es el precio que paga por mantener el estado de resignación?

2. ¿Dónde está la raíz de la limitación? ¿En el observador que usted es, en su entorno (el sistema), o en ambos?

3. ¿Cuál es su participación, su responsabilidad, en generar la dificultad? Tal vez piense que ninguna. No es así, ya que algo hace o no hace para que eso le ocurra.

4. ¿Qué juicios aparecen en su conversación privada que disparan este estado de ánimo?

5. ¿Cómo reconstruiría lingüísticamente este estado de ánimo? ¿Qué conversaciones y acciones tendría que realizar para aceptar la posibilidad?

6. ¿Cómo lo haría posible? ¿Qué necesita aprender? ¿Qué acciones va a ejecutar?

   Si usted cree que no es posible, imagine que es otra persona, alguien a quien usted admira. ¿Cómo cree que ella lo vería y qué acciones ejecutaría?

7. ¿Qué resultado obtendría al generar esta nueva emocionalidad en el futuro?

Si repasa todo lo que venimos diciendo acerca del mundo y la observación distinta que cada uno hace de él, puede llegar a pensar que estamos negando que exista un mundo real fuera de uno. Esto no es así. Lo que afirmamos es que miramos el mundo desde el observador que cada uno es, por lo tanto tenemos una visión subjetiva de él. Sólo somos dueños de nuestra verdad singular.

El coach facilita el cambio de las emociones o estados de ánimo del cliente ayudándolo en una reconstrucción lingüística que genere un observador diferente.

Stephen Gilligan[2] nos dice: "…la vida nos persigue, ayudándonos a ser cada vez más plenos como seres humanos. No podemos engañar a la vida: no podemos evitar las experiencias básicas de miedo, alegría, ira, tristeza, excitación, envidia y así sucesivamente. La cuestión básica es nuestra relación con ese río de la vida. Podemos temerlo y tratar de detenerlo con un dique, ignorarlo y explotarlo, o aceptarlo y trabajar con él. A esta última habilidad relacional le damos el nombre de amor".

Las emociones y sus representaciones internas

Ya hablamos de la importancia de las representaciones internas en la calidad de nuestra vida y de cómo estas representaciones abren y cierran posibilidades, nos dan alegría o sufrimiento.

No solamente representamos las emociones a través del lenguaje, sino que también lo hacemos construyendo imágenes, sonidos y sensaciones (visual, auditivo y kinestésico). Cada representación sensorial, ya sea pasada, presente o futura, está codificada por nuestro cerebro de una determinada manera.

Para trabajar con las emociones, necesitamos detectar cómo están codificadas para, de ese modo, poder cambiarlas. Es decir, ante un sentir determinado, necesitamos detectar qué imágenes aparecen con ese sentir, observando la gran cantidad de detalles que se manifiestan. Por ejemplo, si la emoción es agradable, es posible que la imagen tenga colores vivos y definidos. Estará ubicada en un determinado

2. Gilligan, Stephen: *La valentía de amar*. Rigden Editorial, Barcelona, 2008.

lugar, diferente del de una emoción negativa. Puede suceder también que sea brillante, de gran tamaño y cercana. Si, por el contrario, es desagradable, tal vez tenga colores apagados o esté en blanco y negro, y sea más pequeña y alejada. También, hay variación si la imagen es fija como una foto, con o sin marco, o tiene movimiento como una película. Podemos estar asociados a esa imagen (estar en ella), por lo tanto la emoción será intensa, o disociados de la emoción (mirándonos a nosotros mismos desde afuera).

Estas distinciones serán diferentes según la representación interna que arme cada individuo.

De la misma manera, se puede describir el sonido y las sensaciones: detectar qué sonidos y qué pensamientos hay en la representación, qué nos decimos a nosotros mismos. Es fundamental detectar el tono de la voz que aparece en nuestra conversación privada: si es positivo o negativo, como vimos anteriormente; si hay voces que vienen desde atrás o adelante, del lado izquierdo o del derecho. Qué sensación aparece en el cuerpo, cómo es, en qué parte está localizada, si se mueve o no y en qué dirección, si es intensa o liviana, cuál es su temperatura, etc. ¿Qué emocionalidad nos dispara esta representación?

Cambiando las representaciones podemos cambiar el estado interno, nuestro sentir, es decir, el pensamiento/lenguaje, la corporalidad, ya que la mente no distingue entre lo imaginario y lo real.

En PNL, estas distinciones que caracterizan a cada una de las modalidades sensoriales –visual, auditiva, kinestésica– se llaman submodalidades.

Ejercicio N° 25. Practique, investigue y juegue con submodalidades

Busque una situación en su vida que disparó en usted una emoción displacentera.

Detecte cuál es la representación interna que hizo de ella: imágenes, sonidos y sensaciones, con todas las distinciones descriptas anteriormente.

Por ejemplo: ¿en qué lugar de su cuerpo está la emoción? ¿Cómo es? ¿Tiene movimiento? ¿Hacia dónde? ¿Cuál es la imagen? ¿Qué sonidos hay?

Practique, investigue y juegue, cambiando las distintas cualidades de esa representación: el lugar, el tamaño, el color, el brillo; si tiene movimiento, muévala hacia el lado contrario; si está asociado, disóciese para verse a usted mismo en la imagen; aleje o acerque la imagen hasta detectar cuál es la distancia óptima para disolver la emoción. Cambie el tono de voz, la velocidad, el volumen. Detecte desde qué lugar viene y cámbielo. Si es necesario, agréguele una música que le agrade o ridicúlela usando música de circo.

Como de costumbre, refleje los resultados de su experiencia en su espacio de trabajo.

Esta es una introducción al tema de las submodalidades, que puede aplicar a usted mismo o a otra persona. También se puede realizar proyectando las representaciones en el espacio, por ejemplo, en la pared, armando una pantalla, o un televisor.

Para el coach, esta es otra herramienta que puede utilizar con su cliente para cambiar emociones y obtener resultados rápidos y efectivos.

CAPÍTULO 12

EL PROCESO DEL COACHING

Hemos desarrollado un modelo poderoso para la comunicación y el cambio. Estas herramientas pueden ser aplicadas en uno mismo y también a otros.

Esto no nos habilita a ser coaches, ya que una de las condiciones fundamentales para serlo es haber realizado una formación de diez meses como mínimo, experimentando y vivenciando cada distinción acompañados por coaches certificados.

No es posible ser coach sin haber atravesado la experiencia de haber sido coachado. Sólo desde allí, sabremos cómo transitar este proceso.

Esta es la razón por la cual no voy a plantear en este capítulo los pasos del coaching, y sí ejercicios concretos, cuestionarios y preguntas disparadoras para la reflexión que abren posibilidades frente a cambios, conflictos y logro de objetivos. Para los que ya son coaches certificados, esta sección intenta ser un humilde aporte para su trabajo.

El coaching que practicamos se basa en el amor y el respeto por el otro. Hay otros tipos de coaching, más autoritarios y más agresivos. Creo que el cambio es posible, insisto, desde el amor. Como sostiene Maturana, "somos seres biológicamente amorosos como un rasgo de nuestra historia evolutiva.

Esto significa dos cosas: la primera, es que el amor ha sido la emoción central conservada en la historia evolutiva que nos dio origen desde unos 5 a 6 millones de años atrás; la segunda es que enfermamos cuando se nos priva de amor como emoción fundamental en la cual transcurre nuestra existencia relacional con otros y con nosotros mismos. Como tal, la biología del amor es central para la conservación de nuestra existencia e identidad humanas (...) Sólo el amor expande nuestra conducta inteligente, porque sólo el amor expande nuestra visión: el amor es visionario, no ciego".[1]

Otro aspecto fundamental es la ética. En mi institución, evaluamos especialmente la actitud y los valores del alumno, tanto en el rol de coach como de cliente. También, los de los docentes, coaches supervisores, asistentes y secretarias.

Es imprescindible saber que estamos como coaches al servicio del coachado o cliente, y que es este el que nos confiere la autoridad para facilitar el proceso de aprendizaje.

Preguntas poderosas que abren posibilidades

Dado que vivimos en un mundo de interpretaciones, es importante aprender a indagar, a cuestionar, a revisar, a descubrir sobre cuáles supuestos previos hemos construido nuestra propia vida. Cuestionar con coraje y libertad nuestros pensamientos nos permite romper las viejas ataduras y soltar aquellas interpretaciones que hoy nos impiden crecer y expandirnos, para encontrar una nueva mirada que nos lleve a un mundo de posibilidades.

A continuación, le presento un conjunto de preguntas poderosas que le permitirán desafiar sus propias interpretaciones e historias que trae del pasado. Recuerde que los he-

---

1. Maturana, Humberto: *Transformación en la convivencia*. Dolmen, Santiago de Chile, 1999.

chos pueden tener tantas interpretaciones como observadores haya y que es su responsabilidad cuestionarlas para transformarse y ser la persona que quiere ser.

Es el compromiso con usted mismo lo que puede llevarlo a construir un futuro diferente.

En el coaching, este cuestionario disparador es la herramienta fundamental que permite abrir en el cliente nuevos sentidos, nuevas posibilidades, nuevos observadores, un camino auténtico hacia sí mismo.

- ¿Cuál es el objetivo que quiere lograr?
- ¿Qué le está faltando para alcanzarlo?
- ¿Cuál es su dificultad? ¿Qué le ocurre? ¿Cuándo? ¿Cómo? ¿Dónde?
- ¿Con quién? ¿Cómo lo sabe? ¿Cuáles son las consecuencias de este comportamiento?
- ¿Le sucede lo mismo en otros contextos?
- ¿Recuerda alguna situación de su pasado en la que le ocurrió?
- ¿Qué responsabilidad cree tener usted en esta situación?
- ¿Qué le impide hacerse cargo de ella?
- ¿Qué le impide actuar?
- ¿Qué lo bloquea?
- ¿Qué conversaciones privadas le aparecen en ese momento?
- ¿Qué juicios aparecen acerca de la situación?
- ¿Qué hechos concretos fundamentan estos juicios?
- ¿Qué emocionalidad y corporalidad se manifiesta?
- ¿Qué conversaciones arrastra del pasado que todavía no ha podido cerrar?
- ¿Qué le ha impedido hacerlo?
- Si fuera otro observador, ¿de qué otra forma vería la situación?
- ¿Qué nuevas posibilidades se abren para usted?
- ¿A quién considera como posibilidad?

- ¿Qué nuevas acciones podría implementar? ¿Cuándo? ¿Cómo? ¿Dónde?
- ¿Qué nuevas conversaciones cree que hacen falta?
- ¿Cómo se siente ahora con estas posibilidades?
- ¿Cómo se sintió durante la reflexión? ¿Le sirvió?

Hacia el logro de objetivos

Le ofrezco ahora otro cuestionario poderoso de fácil aplicación para alcanzar objetivos personales y organizacionales.

Recordemos que el primer paso para trabajar un objetivo que se quiere alcanzar es establecer la brecha entre el estado presente de la persona, y el estado deseado, el objetivo que quiere lograr.

Es importante formular específicamente **qué se quiere lograr**. Cuanto más claros tenemos los objetivos, mayores son las posibilidades que tenemos de alcanzarlos, ya que de su formulación depende la posibilidad de lograrlos. Para ello, es fundamental observar cómo ese objetivo está formulado. Saber enunciarlo para que sea alcanzable requiere el cumplimiento de ciertas "condiciones".

Condiciones para la formulación de objetivos

La herramienta fundamental para satisfacer estas condiciones es, una vez más, la indagación, utilizando el metamodelo del lenguaje.

Para que los objetivos que nos planteamos sean alcanzables, es imprescindible que cumplan con las cinco condiciones siguientes:

1. Que se expresen en forma positiva

El objetivo tiene que estar expresado en términos de lo que sí queremos, no en términos de lo que NO queremos.

Si estamos expresando un objetivo y utilizamos la negación, por ejemplo: "No quiero estar ansioso en esta ocasión", "No quiero llegar tarde", "No quiero seguir con este empleo", ¿qué sucede en nuestro cerebro? Por una parte, estamos "fijando" la imagen de lo que no queremos y por la otra, no le estamos diciendo hacia dónde sí queremos ir. Al expresar el objetivo en negativo, el cerebro no sabe por dónde comenzar a realizar la acción, sólo enfoca su atención en la acción que queremos evitar.

Haga la prueba: si yo le digo: "No piense en un elefante verde", ¿qué ocurre en su cabeza? Aparece la imagen del elefante verde. En general, tendemos a plantearnos los objetivos desde lo que no queremos y nos es difícil plantearlos desde lo positivo.

¿Qué tenemos que hacer cuando aparece un objetivo planteado en negativo?

Utilizar el metamodelo del lenguaje a fin de lograr que la persona exprese en positivo lo que quiere alcanzar. Por ejemplo:

- ¿Qué es lo que sí quiere?
- ¿A qué hora quiere llegar?
- ¿Qué quiere hacer, específicamente?

En objetivos como el de adelgazar, la gente en general dice: "Quiero perder kilos". A nadie le gusta perder nada. Por lo tanto, pensar cuántos kilos quiero tener, por ejemplo: "Quiero llegar a pesar 57 kilos", me permite alejarme de lo que quiero evitar y orientarme hacia un objetivo específico. Si digo: "Quiero dejar de fumar", me acerca a lo que quiero evitar y me aleja de lo que quiero lograr; mucho más eficaz es pensar: "Quiero tener mis pulmones limpios y abiertos y oler agradablemente".

2. Que sean demostrables en forma sensorial

Esta condición implica que necesitamos recuperar la representación interna a través de la conexión sensorial con el objetivo a alcanzar: cómo me veo, qué me digo y escucho, qué siento al haber alcanzado el objetivo.

Si no tengo registro sensorial de cómo es lograr esta meta, aun en el caso de que llegue, no sabré que he llegado.

Si digo: "Quiero tener más éxito", y no puedo tener un registro sensorial de cómo fue sentir tener éxito en otra oportunidad, ¿cómo me voy a dar cuenta de que lo estoy obteniendo? Tiene que ser algo que se pueda percibir a través de los sentidos. Por ejemplo: ¿Cómo me voy a dar cuenta de que obtuve el objetivo? ¿Cómo se darán cuenta los demás de que lo obtuve? ¿Qué verían? ¿Qué dirían? ¿Qué sentirían?

Hay personas que establecen sus objetivos con nominalizaciones: "Quiero ser feliz".

Indague:

– ¿Qué es para usted ser feliz?
– ¿Cuándo en su vida cotidiana se siente feliz?
– ¿Cómo se dará cuenta de que lo es?
– ¿Qué verá, escuchará, sentirá?
– ¿Qué le demostrará que es feliz?

Puede suceder que no tengamos representación del cambio que queremos alcanzar, entonces podemos crearlo a partir de imágenes y palabras. Recuerde que el cerebro se maneja con las distinciones que tiene, lo que conoce; lo que no conoce, no sabe cómo representarlo. Cuando vamos poniendo imágenes y palabras, le vamos dando "letra" al cerebro para el objetivo que queremos lograr.

Indagamos entonces:

- ¿Cómo se ve habiendo alcanzado el objetivo?
- ¿Qué se dice?
- ¿Qué siente?
- ¿Cómo lo ven los demás?
- ¿Qué le dicen?

En la medida en que dirigimos nuestro cerebro, todas nuestras acciones se encaminan, alineándose con los objetivos que queremos alcanzar, aunque no lo advirtamos.

Si usamos palabras, imágenes, sensaciones y emociones, hacemos que los dos hemisferios cerebrales trabajen juntos, por lo tanto ambas partes colaboran para que el objetivo se cumpla. Si armo una representación de cómo sería habiendo logrado el objetivo, ya tengo ganada una gran parte de mi camino hacia él. Y, además, cuanto más específico pueda ser, la incertidumbre y el miedo a lo desconocido disminuyen notoriamente; cambia la emoción y la corporalidad, y siento que nada me impide alcanzarlo.

3. Que se ubiquen en el contexto de manera apropiada

Emprendemos el camino hacia la meta cuando decidimos previamente dónde, cuándo y con quién queremos llegar a ella.

Es importante saber si lo queremos en todo momento, en todos los ámbitos, en todos los contextos o solamente en algunos. Podemos querer ser más estrictos en el ámbito laboral, y no con nuestra familia. Algunos necesitamos alcanzarlos inmediatamente y otros en plazos más largos: no es lo mismo mañana, que la próxima semana, que dentro de seis meses.

Usted puede verificar si el objetivo está ubicado en el contexto de manera apropiada indagando:

- ¿Dónde, cuándo y con quién lo quiere?

4. Que dependan de uno mismo

Es fundamental detectar si el objetivo y los recursos para lograrlo dependen de usted o del grupo que quiere realizar el cambio. En este sentido, debe indagar: "¿De quién depende este objetivo?", para estar seguro de que su meta esté formulada de manera tal que usted mismo pueda lograrla, independientemente de lo que hagan los demás.

Si se plantea un objetivo que no depende de usted, es difícil que pueda cumplirlo.

Hay objetivos que no dependen totalmente de nosotros porque hay otra/s persona/s implicada/s. Por ejemplo:

– Quiero que mi jefe me trate bien.
– Quiero que mis hijos me respeten.

Una parte depende de usted, pero hay otra que no. Usted sólo puede hacer lo que sí depende de usted para lograr el objetivo. En muchos casos, un cambio que haga produce un cambio en la otra persona. Podría preguntarse, por ejemplo:

– ¿Qué considero "tratarme bien", específicamente?
– ¿Qué voy a hacer yo de diferente, que no hice hasta ahora, para que algo cambie en mi relación con mi jefe?
– ¿Qué tendría que pasar para darme cuenta de que me está tratando bien?
– ¿Alguna vez me trató bien? ¿Cuándo? ¿Dónde?
– ¿Qué hice yo de diferente cuando logré ese resultado?

Lo importante es plantear el objetivo desde uno mismo, haciéndonos responsables, ya que la manera de relacionarnos siempre es de a dos. Algo debe estar haciendo usted que interviene en este vínculo: una conversación para saber qué acciones suyas disparan en el otro este comportamiento puede abrir posibilidades. Es fundamental que ponga todo lo posible de usted mismo para producir el cambio. Esto modificará sus conversaciones privadas y su emocionalidad.

5. Que preserven la ecología interna y externa

Ecología significa que los sistemas estén en equilibrio. La ecología interna es el equilibrio entre lo que pienso, lo que siento y lo que hago. La externa se refiere a lo que pasa en mi entorno con relación a este objetivo.

Si bien el objetivo que buscamos es valioso para nosotros, quizás no sea el momento apropiado para realizar ese cambio o no lo sea para nuestros seres queridos o para quienes nos rodean.

Las preguntas indicadas para detectarlo son:

- Esto, ¿es bueno para mí?
- ¿Es bueno para los demás? (Mi familia, mi trabajo, etc.)
- ¿Qué puedo hacer con esto?

Puede surgir que el objetivo sea bueno para usted pero no para su familia. Por ejemplo, la propuesta de ser trasladado a otro país con un cargo más alto, puede significar un ascenso importante para usted, pero para su familia un verdadero conflicto, ya que su mujer perdería su trabajo y sus hijos no querrían cambiar de escuela y amigos.

Otro ejemplo dentro de las organizaciones es el caso de mujeres que han rechazado puestos gerenciales importantes a fin de pasar más horas con sus hijos.

Muchas veces los objetivos no se cumplen porque hay una representación mental que está interfiriendo. Por ejemplo, un sentido de pertenencia: una persona que desea adelgazar y pertenece a una familia de "gorditos" o una persona que desea dejar de fumar y se mueve en un círculo de fumadores, etcétera.

Como vimos, a medida que vamos indagando para cumplir con las condiciones adecuadas para enunciar el objetivo, cada vez estmos más cerca de lograrlo.

Recuperando recursos

Somos capaces de repetir lo que hicimos una vez, aunque sea en otros ámbitos. Nuestros logros en el pasado son nuestros recursos en el presente y nuestra guía para el futuro. Si necesita seguridad para enfrentar una situación, búsquela en otra situación en un contexto totalmente distinto, por ejemplo, con su familia o haciendo algún deporte que lo haga sentir seguro, alineado, fuerte, y trasládela a la situación actual. El cerebro sabe cómo aplicar esos recursos del pasado para lograr los objetivos del presente. Si lo que está haciendo no da resultado, y no recuerda ninguna situación con ese recurso, necesitará hacer algo distinto. Todas las conductas nuevas tienden a generar caminos nuevos en el cerebro. Un principio de la PNL es que todos los seres humanos tenemos los recursos necesarios para cambiar.

Cuestionario para el logro de objetivos

Respetando las condiciones que a acabamos de ver, el siguiente cuestionario, presenta una forma clara y simple para alcanzar los objetivos:

1. ¿Qué desea, específicamente?
2. ¿De quién depende el logro de este objetivo?
3. ¿Cuál es el propósito del objetivo? (¿Para qué?)
4. ¿Cómo se dará cuenta de que lo obtuvo? ¿Qué verá, escuchará y sentirá cuando lo haya logrado?

5. ¿Cómo se darán cuenta los demás de que usted lo obtuvo?
6. ¿Cuándo, dónde y con quién lo quiere?
7. ¿Cuándo, dónde y con quién no lo quiere?
8. ¿Qué necesita para lograrlo?
9. ¿Qué recursos que ya tiene lo ayudarán a conseguir su objetivo?
10. ¿Qué otros recursos o destrezas necesita para alcanzar su objetivo?
11. ¿Qué le impide conseguirlo?
12. ¿Qué lo compromete con su objetivo?
13. ¿Qué pasará si lo logra?

Si usted, como coach, le hace el cuestionario a un cliente, tenga en cuenta que es imprescindible mantener el rapport, para no convertir este ejercicio en un interrogatorio.

Una dificultad que se podría presentar es que el cliente responda en algún momento con un "Sí, pero…". Si esto se diera, posiblemente no pueda avanzar hasta desarmar este "sí, pero…". Puede haber algún juicio o creencia para el avance o logro. Generalmente, esta frase evidencia cierta incongruencia entre aspectos que están en oposición, que "tironean" en direcciones contrarias.

Será entonces necesario detenerse en este punto e indagar con más profundidad.

Ejercicio N° 26. Logro de objetivos

Vaya a su espacio de trabajo para hacer el siguiente ejercicio.

Escriba el objetivo que quiere alcanzar y, siguiendo las condiciones para la formulación de objetivos y el cuestionario para el logro de objetivos, que vimos anteriormente, avance paso a paso, utilizando el metamodelo del lenguaje. Es decir, a cada respuesta suya aplique los desafíos, preguntas correspondientes, para ser lo más claro y específico posible en cada oración.

Cuando termine, reflexione si ya siente que ha logrado el objetivo, que no hay nada que se lo impida. Recuerde que el cerebro no hace diferencias entre lo real y lo imaginario.

Espero que estos ejercicios lo ayuden a despertar su corazón. Como le dije al principio de este viaje, mi intención es colaborar con usted para cultivar la valentía y la libertad de cambiar desde el amor.

Quiero contarle una experiencia personal maravillosa que viví en un seminario de Anthony Robbins[2]. Trabajamos el objetivo de caminar descalzos por un camino de brasas encendidas sin quemarnos. Para ello, creamos una representación interna de nosotros mismos habiendo logrado el objetivo. Usando las preguntas disparadoras del cuestionario fuimos haciendo más y más vívida la experiencia. Visualizando recurrentemente esa representación, sentí dentro de mí que la experiencia era posible y que ya la había logrado. La huella del camino había sido marcada. Sabiendo lo poderoso que es nuestro cerebro, y con la convicción de haber logrado ya el objetivo, transité por las brasas encendidas sintiendo que mis pies atravesaban un sendero de suaves y frescas hierbas verdes. Excitada, alegre y plena, con el corazón lleno de amor por haberlo logrado, miré mis pies y, asombrada, comprobé que estaban intactos.

---

2. Seminario "Unleash the Power within", Londres, 2008.

CAPÍTULO 13

LA CRISIS DE 2009

Estamos viviendo una transición cultural en el planeta. El mundo está comenzando una nueva era. Estamos viajando hacia una nueva humanidad y se está jugando un nuevo partido. Nuestro mundo actual se encuentra bombardeado por el cambio y todavía no logramos aceptarlo y, mucho menos, darnos cuenta de lo que esto significa.

> "El hecho es que te estás resistiendo a lo que es. Estás convirtiendo el momento presente en un enemigo. Estás creando infelicidad, conflicto entre dentro y fuera. Tu infelicidad está contaminando tu ser interno, a los que te rodean y a la totalidad de la psiquis humana de la que formas parte inseparable. La contaminación del planeta sólo es el reflejo externo de una contaminación psíquica interna: millones de individuos inconscientes que no se responsabilizan de su espacio interno".[1]

Como ya dije[2], en mi experiencia, todas las veces que hubo crisis, ellas me ayudaron a crecer y expandirme y a llevar la institución que dirijo al más alto nivel, inspirarme y crear lo nuevo, abriendo posibilidades que hasta ese momento no había visto. Ellas me impulsaron a salir de mi

---

1. Tolle, Eckhart: *El poder del ahora*. Gaia, Madrid, 2001.
2. Ver Capítulo 3.

estado de confort, cruzar el umbral y conectarme con nuevas perspectivas que enriquecieran y profundizaran las bases de los modelos que sustentan mi trabajo. Soy una eterna aprendiz que, incentivada por el desafío del cambio, fui recorriendo el mundo en busca de nuevas disciplinas que me permitieran elaborar cada vez más y mejores estrategias para el desarrollo personal, la comunicación y el cambio.

Generé alianzas estratégicas integrando las mejores disciplinas para lograr algo extraordinario, una gran mente grupal como resultado del trabajo conjunto. Convoqué distintos talentos para trabajar juntos, aunados en la misión de estar al servicio de los otros.

El trabajo y la colaboración constante del equipo de la escuela permitió alcanzar el más alto estándar de calidad en nuestro rol de agentes multiplicadores del cambio. Generamos juntos un espacio expansivo propicio para el amor y la contención en el desarrollo humano.

Hoy podemos dar testimonio de que la transformación es posible y que las crisis son una gran oportunidad y posibilidad para reinventarnos. Y eso sólo depende de nosotros. Es el momento de hacernos cargo de nosotros mismos, recuperar valores, conocernos más, preguntarnos hacia dónde queremos ir. Juntarnos con los demás para que, en la diversidad, celebremos las diferencias. Colaborar, cooperar, agradecer y relacionarnos con el otro como lo más importante de nuestra vida.

Es el momento de quitar el foco de evitar lo que ocurre y poner nuestro potencial en buscar nuevas posibilidades y adquirir nuevos recursos que nos permitan entregarnos al flujo de la vida. Centrarnos, confiar en nosotros, despiertos a lo que va a surgir. Prestar atención al desarrollo de nuestras propias capacidades naturales que ni habíamos pensando en utilizar. Alimentar la creatividad. Aceptar la diversidad porque las diferencias de opinión nos abren nuevos mundos de oportunidades.

Las personas de diferentes niveles sociales están ligadas entre sí a partir de formas de vivir ocasionadas por fuerzas que actúan en el interior de cada una con la fuerza de un terremoto. Para que la transformación social sea posible y podamos fundar en estos tiempos una comunidad diferente, cooperativa y de colaboración, la transformación interior debe ocurrir antes y con una amplia toma de conciencia.

Las empresas que sean exitosas en el futuro serán las que hayan buscado la transformación, ya que la transformación es una nueva manera de ser. Serán las empresas conectadas con el cambio, las que cuestionen los supuestos y procedimientos básicos. Esto puede ocurrir si sus líderes se atreven a desafiar sus creencias más profundas, se abren a generar nuevos espacios en estado de constante transformación.

En diciembre de 2008, en Chile, tuve la oportunidad de volver a estar con Humberto Maturana compartiendo un seminario con Ximena Dávila Yáñez. Ellos plantean que "estamos en el fin del liderazgo para entrar en la era de la colaboración y la co-inspiración. Cuando hablamos de co-inspiración es inspirarnos juntos en un deseo, un proyecto común. El gerente co-inspirativo coordina la inspiración. (…) Y la emoción fundadora de lo social es el amor, que hace posible nuestras interacciones recurrentes en otros como un legítimo otro en la convivencia".

Robert Dilts nos habla de que es el momento de la "colaboración generativa"[3]. Para producir este tipo de colaboración en un equipo, se necesitan individuos plenos, personas que estén en contacto consigo mismas, con su pasión, con su creatividad, con su energía.

Estos grupos comparten la visión, perspectivas múltiples y la habilidad de darse apoyo unos a otros, de modo de generar un campo relacional. Los integrantes de estos

---

3. Tomado del entrenamiento "Liderando el poder generativo de los grupos y equipos", Buenos Aires, 2008.

equipos se combinan para producir una inteligencia y creatividad colectivas que no se dan sin la presencia de todo el grupo. Este tipo de colaboración es el resultado de personas que se dan apoyo unas a otras para moverse hacia adelante y crear algo sin precedentes. Estas personas trabajan juntas para crear algo nuevo, sorprendente, más allá de las expectativas y de las capacidades individuales de cualquiera de los miembros. Por lo tanto, el desempeño y resultado conjuntos son mucho mayores que los que lograría cada uno trabajando solo. La autonomía, el interés y la pasión personal son la base para generar este tipo de colaboración. Hay una profunda conexión con uno mismo y con las personas del equipo, con el propósito. Cada persona tiene acceso a su potencial, sabe quién es y participa de una actividad colectiva más allá de su rol, conectándose con todas las posibilidades que le da trabajar en equipo. Esta colaboración generativa producirá varios proyectos y varias sinergias posibles entre ellos. Muchos de los desarrollos exitosos de nuestro mundo moderno fueron consecuencia de combinar múltiples visiones e ideas.

Es tarea de cada uno de nosotros mantener abierto el canal. El coach y el líder tienen que trabajar como despertadores de almas, luego de encontrar la llamada en su propia vida. Esta llamada tiene que ver con el sentido más profundo, con nuestro propósito. En general, representa un cambio drástico, un desafío que produce una evolución personal y un crecimiento que da expansión a nuestro ser.

El trabajo del coach es despertar el alma del cliente. Para eso es necesario trabajar primero con nosotros mismos. A partir de la conexión con el propósito de nuestra vida, ya no trabajamos solamente para el logro de los objetivos profesionales o laborales, sino que lo hacemos para satisfacer ese sentido más profundo que tiene nuestra existencia. Estar enteros en el presente, relacionarnos con los otros como lo más importante de nuestra vida.

Sabemos que pudimos superar antiguos límites: pérdidas, miedos, sufrimientos y resistencias del pasado, y que hemos alcanzado nuevas posibilidades y niveles de plenitud y libertad que antes parecían imposibles de lograr. Habiendo experimentado estos cambios como desafíos, pudimos transformar nuestro mundo. Frente a la crisis mundial que comenzó en 2008, necesitamos trabajar con nosotros mismos, darnos cuenta de cómo hacemos lo que hacemos y encontrar una manera diferente de ser y hacer. Es el momento de ir hacia adentro, conectarnos con nuestro centro que es el lugar más seguro.

Hemos llegado al final de este viaje del héroe, luego de haber transitado luces y sombras, alegrías y desgarros, acompañados por todos estos expertos, investigadores, maestros, viajeros y brujos…

Este libro le presentó sugerencias que no pretenden ser verdades ni procedimientos o modelos infalibles. Trata de ser una vivencia que inspire, que desarrolle la escucha, que disipe el sufrimiento, que nos conecte con la vulnerabilidad, la flexibilidad, la transformación y la humildad para practicar el amor como base de toda acción creativa.

Gracias.

LIDIA MURADEP

Escuela Argentina de PNL y Coaching
www.escueladepnlycoaching.com
info@escueladepnlycoaching.com

BIBLIOGRAFÍA

Andreas, Steve y Andreas, Connirae: *Cambia tu mente para cambiar tu vida.* Gaia, Madrid, 1996.

_____ *Corazón de la mente.* Editorial Cuatro Vientos. Santiago de Chile, 1991.

Akutagawa, Ryonosuke: *Rashomón y otros cuentos.* Milton Editores, Buenos Aires, 1978.

Austin, John: *Cómo hacer cosas con palabras.* Paidós, Buenos Aires, 1971.

Bandler, Richard: *Use su cabeza para variar.* Editorial Cuatro Vientos, Santiago de Chile, 1988.

Bandler, Richard y Fitzpatrick, Owen: *Conversaciones.* Khaos, México, 2008.

Campbell, Joseph: *El héroe de las mil caras.* Fondo de Cultura Económica, Buenos Aires, 1959.

Cayrol, Alain y De Saint Paul, Josiane: *Mente sin límites.* Robin Book, Barcelona, 1994.

Diamante, Hugo: *Educación para el tercer milenio.* Edición propia, Buenos Aires, 2000.

Dilts, Robert: *El poder de la palabra.* Urano, Barcelona, 2003.

Echeverría, Rafael: *Actos del lenguaje. Vol. I, La escucha.* Granica, Buenos Aires, 2007.

_____ *La empresa emergente.* Granica, Buenos Aires, 2000.

_____ *Ontología del Lenguaje.* Dolmen/Granica, Santiago de Chile, 1994.

_____ Ferguson, Marilyn: *La conspiración de Acuario.* Kairós, Barcelona, 1985.

Flores, Fernando: *Creando organizaciones para el futuro*. Dolmen/Granica, Santiago de Chile, 1994.

Gilligan, Stephen: *La valentía de amar*. Rigden Editorial, Barcelona, 2008.

Grinder, John y Bandler, Richard: *Estructura de la magia I y II*. Editorial Cuatro Vientos, Santiago de Chile, 1980.

_____ *De sapos a príncipes*. Plaza Edición, Santiago de Chile, 1998.

Maturana, Humberto, con la colaboración de Sima Nisis: *Transformación en la convivencia*. Dolmen, Santiago de Chile, 1999.

_____ y Bloch, Susana: *Biología del emocionar y Alba Emoting, respiración y emoción*. Dolmen/Granica, Santiago de Chile, 1998.

_____ y Varela, Francisco: *El árbol del conocimiento*. Editorial Universitaria, Santiago de Chile, 1996.

Mujica, Hugo: *Lo naciente. Pensando el acto creador*. Editorial Pre-textos, Valencia, 2007.

O'Connor, Joseph y Seymour, John: *Introducción a la PNL*. Urano, Barcelona, 1990 y 1992.

Robbins, Anthony: *El poder sin límites*. Grijalbo, Madrid, 2001.

Seymour, John, y O'Connor, Joseph: *Introducción a la PNL*. Urano, Barcelona, 1990.

Tolle, Eckhart: *El poder del ahora*. Gaia, Madrid, 2001.